Entspannen mit Kindern

Übungen, Tipps und Aktivitäten für mehr Ausgeglichenheit

ullmann medien

Einleitung

Die Aktivitäten, die Sie in diesem Buch finden, verteilen sich über 52 Wochen und stammen aus vier Bereichen: Gemeinsame Aktivitäten, Yoga, Meditation und entspannende Geschichten.

Darüber hinaus finden Sie in der Kategorie „Zwischendurch" hübsche Mandalas und andere Bilder zum Ausmalen. Schaffen Sie Momente des Beisammenseins mit Ihrem Kind oder Ihren Kindern, von denen Sie alle profitieren.

Gemeinsame Aktivitäten

Wie oft pro Woche hören Sie: „Ich weiß nicht, was ich tun soll …" in einem lustlosen Tonfall? Einmal, zweimal, zehnmal? Die Kinder bitten Sie ständig, sich um sie zu kümmern. Da geht es nicht nur um Langeweile! Wenn sie nach Ihrer Aufmerksamkeit suchen, wollen sie Zeit mit Ihnen verbringen, um einen besonderen Moment mit Ihnen zu teilen.

Wenn Kinder aber nicht wissen, was sie tun sollen, bedeutet das auch, dass ihnen wahrscheinlich einfach die Inspiration fehlt. Es lohnt sich daher, immer ein paar Ideen für einfache, kreative und beruhigende Aktivitäten zur Hand zu haben. *Einfach,* weil das Material, das für die Aktivitäten gebraucht wird, nicht schwer zu finden und günstig ist. *Kreativ,* weil Ihre Kinder all ihre Ideen, die sie haben, ausdrücken sollen. Die Kreativität anzuregen ist eine Möglichkeit, die Fantasie und Intelligenz Ihres Kindes zu fördern. Es hilft ihnen auch, sich selbst und ihre Persönlichkeit zu definieren. Und schließlich *beruhigend,* damit die gemeinsame Aktivität eine friedliche und gelassene Wirkung hat und alle dazu ermutigt, die Aktivität im Bedarfsfall zu wiederholen.

Yoga

Yoga beinhaltet körperliche Übungen, die schon seit etwa 5000 Jahren bekannt sind. Yogaübungen bestehen aus einfachen oder auch komplexen Körperhaltungen. Im Zusammenhang mit der Atmung fördern sie die Körperflexibilität, lindern mentale und physische Belastungen und verleihen neue Energie. Yoga ist aber nicht nur etwas für Erwachsene! Es gibt auch Kindern einen guten Start ins Leben.

Mit ihrer natürlichen Körperspannung und ihrem Gleichgewichtssinn tun sich Kinder mit den Übungen oft leichter als Erwachsene. Sie können schnell Fortschritte machen. Viele Kinder sind von Natur aus abenteuerlustig, sie müssen nur etwas ermutigt werden. Helfen Sie ihnen, die Haltung richtig zu machen, aber seien Sie vorsichtig – Sie sollten nichts erzwingen. Der Körper, die Knochen und die Muskeln Ihres Kindes befinden sich noch im Aufbau. Die meisten Kinder sind große Nachahmer und wenn sie sehen, wie Sie Ihre *Asanas* (Stellungen) regelmäßig üben, werden sie Sie gern begleiten und Sie imitieren.

Allerdings verliert ein Kind seine Aufmerksamkeit schneller als ein Erwachsener. Deshalb werden die Übungen auf unterhaltsame Weise ausgeführt. Erfreuen Sie sich daran, dass die meisten *Asanas* ihre Namen von Tieren, Vögeln und anderen Kreaturen haben. Lassen Sie das Kind zum Beispiel wie einen Löwen brüllen oder es sich wie die Kobra eines Schlangenbeschwörers bewegen.

Meditation

Meditation ist eine Entspannungsübung, die das Gleichgewicht zwischen Konzentration und Atmung fördert. Früh zu lernen, wie man richtig atmet und sich konzentriert, entwickelt die psychischen und körperlichen Fähigkeiten von Kindern. In Schulen, in denen Meditation ausgeübt wird, wird eine Verbesserung der Arbeit und der Beziehungen zwischen den Kindern angestrebt.

Konzentration ist eine abstrakte Vorstellung für Kinder, die sie durch Berührung lernen. Dieses Buch beschäftigt sich vorwiegend mit Meditationsformen, deren Kern der Tastsinn darstellt. Dieser Sinn wird im alltäglichen Leben oft vernachlässigt, aber er hilft dabei, Konzentration und Entspannung zu erzeugen. Um sich dem Verständnis der Kinder anzupassen, sind diese Übungen von Tieren oder Naturelementen inspiriert.

Entspannende Geschichten

Entspannende Geschichten erlauben Kindern, sich einfach einmal fallen zu lassen, indem sie einer Geschichte zuhören, in der das Kind der Protagonist ist. In Bezug auf die Natur versetzen die Geschichten das Kind in eine imaginäre und traumhafte Welt. Das Kind beruhigt sich und taucht in die Geschichte ein, die ihm erzählt wird.

Kinder und Uhren dürfen nicht beständig aufgezogen werden.
Man muß sie auch gehen lassen.

Jean Paul

Der Baum

1. Ausgangsposition ist der aufrechte Stand mit leicht gespreizten Beinen.
2. Ein Bein steht fest auf dem Boden, während das andere Bein mit nach innen gerichtetem Fuß angewinkelt wird.
3. Du bewegst die Ferse langsam bis zum Knie des gegenüberliegenden Beins. Wenn du gelenkig genug bist, kannst du die Ferse bis zum Oberschenkel hochziehen.
4. Beide Arme bewegen sich langsam mit nach oben zeigenden Handflächen in die Höhe.
5. Beim Einatmen beide ausgestreckten Hände über dem Kopf zusammenführen.
6. Den Blick fixieren und nach vorn richten. Das ist sehr wichtig, um das Gleichgewicht nicht zu verlieren.
7. Beim Ausatmen in die Ausgangsposition zurückkehren.
8. Jetzt wechselst du die Seite und führst die Übung beginnend mit dem anderen Bein durch.
9. Diese Übung jeweils dreimal pro Seite wiederholen.

Nutzen

Diese Übung fördert die Konzentration, die Körperbalance und die Muskulatur des Fußes. Sie stärkt die Beine und entspannt die Schultern, die Hüften, Knie und Knöchel. Das Heben der Arme öffnet die Brust, und die Durchblutung des Herzens wird verbessert.

Eine Geschichte zur Entspannung

Frühling

Leg dich hin und entspanne dich. Stell dir den Frühlingsanfang vor. Die Tage werden länger, das Wetter wird milder und die Natur verändert sich allmählich.
Bei einem Waldspaziergang siehst du Murmeltiere, Siebenschläfer, Igel und Eichhörnchen, die aus ihrem Winterschlaf erwachen und nach der langen Ruhepause aus ihrem Bau herauskommen. Beobachte, wie sie heimlich hin und her huschen und sich verstecken. Störe sie nicht, denn sie sind sehr scheu! Bewundere das Schauspiel der Pflanzen, die sich langsam aufrichten. Smaragdgrüne Knospen schmücken die Äste der Bäume. Aus diesen Knospen entstehen später große und schöne grüne Blätter. Schau genau hin! Siehst du die Knospen mit Farbpünktchen im Inneren? Aus ihnen werden bunte Blumen, die die Frühlingslandschaft bunt färben werden. Wenn du dich näherst, hörst du das Summen der Bienen, die den Blütenstaub sammeln. Richte die Augen zum Himmel. Die Zugvögel kommen von ihrem langen Aufenthalt aus dem Süden zurück. Schau hin! Du siehst Schwalben, Enten, Wildgände und Kraniche. Was machst du am liebsten, wenn der Frühling kommt? Spielst du lieber im Park oder auf dem Spielplatz? Oder machst du Waldspaziergänge mit deinen Freunden? Ausflüge mit dem Fahrrad oder dem Kickboard? Der Frühling ist eine tolle Jahreszeit, um Spaß zu haben.

DAS VORLESEN EINER GESCHICHTE DIENT DER ENTSPANNUNG UND DER ERHOLUNG – SOWOHL FÜR SIE WIE FÜR IHR KIND.

Gemeinsame Aktivität

Bewundern Sie das Schauspiel der Wolken am Himmel, während Sie im Gras liegen oder durch das Fenster schauen. Zeigen Sie Ihrem Kind, wie man die Natur beobachtet, während man den Wolken zuschaut. Es gibt keinen Lärm – ein purer Moment der Ruhe. Das ist auch eine gute Gelegenheit, Geschichten zu erfinden, seine Kreativität zu entdecken oder sein Wissen ein wenig zu fördern. Je nach Tageszeit, Jahreszeit oder Wetter ist der Anblick nie gleich und man kann jedes Mal etwas Neues in die Form der Wolken hineininterpretieren.

Wolken deuten

Mit den **Kleinen** vergnügen Sie sich mit den Formen und Farben der Wolken.

1. Suchen Sie die kleinen und großen oder die weißen und grauen Wolken.
2. Jeweils eine Wolke spielt die Rolle des Vaters, der Mutter oder eines Kindes. Erfinden Sie Geschichten dazu!
3. Wenn sich die Wolken bewegen, macht es noch mehr Spaß. Stellen Sie sich vor, wo sie hinschweben, was sie von dort oben sehen und welche Reise sie hinter sich haben.
4. Nutzen Sie die Gelegenheit, mit den Kindern über ihre Umgebung zu sprechen. Reden Sie über die Umwelt, Städte, Flüsse, Ebenen, Berge etc.

Mit den **Mittleren:** Lassen Sie sie Objekte oder Tiere in den Wolken erkennen.

1. Mit ca. fünf Jahren können die Kinder sicherlich schon einen Elefanten oder einen Wal in der Form einer Wolke erkennen.
2. Spielen Sie ein Spiel, um die Fantasie des Kindes anzuregen: Der Himmel wird zu einem großen Zoo mit allen möglichen Geschichten, in denen die Tiere je nach Wind und Licht eine Rolle spielen.

Mit den **Älteren** liegt der Fokus auf dem wissenschaftlichen Aspekt.

Zeigen Sie ihnen die runden und hoch oben schwebenden Cirrocumuli, die wie eine Schafherde aussehen; Cirrus-Wolken, die zu zerreißen scheinen; graue Nimbostratus-Wolken, die in den Himmel eindringen und den Regen bringen; Cumulus-Wolken, die großen Bällen aus Baumwolle ähneln und die riesigen Cumulonimbus-Gewitterwolken, die einen Sturm ankündigen. Mit ein bisschen Übung werden sie richtige Meteorologen!

Zwischendurch

Der Frosch im Spiegel

Die Kleinen malen den kleinen Frosch mit zarten und beruhigenden Farben aus.

Die Mittleren malen das Spiegelbild mit den gleichen Farben aus, die sie auch beim Frosch oben verwendet haben.

Die Älteren malen das Spiegelbild mit den gleichen Farben aus wie den Frosch oben, versehen die Wasseroberfläche aber zusätzlich mit schraffierten Linien, um die Bewegungen des Wassers zu simulieren.

Gemeinsame Aktivität

Kneten, formen, ziehen, befühlen, drücken, rollen (nicht essbar!) ... Der Umgang mit Teig ist äußerst entspannend. Für Kinder ist es am einfachsten, Salzteig zu verwenden. Er hat den Vorteil, naturbelassen zu sein. Der Kreativität sind keine Grenzen gesetzt. Je nach Alter ändert sich die Teigmenge und damit auch das Ergebnis. Auch Sie werden der Versuchung kaum widerstehen können, etwas zu kneten und die Hände in den Teig zu stecken!

Mit Salzteig backen

Zubereitung des Teigs

Zutaten:

- *1 Glas feines Salz*
- *2 Gläser Mehl*
- *1 Glas lauwarmes Wasser*

Der ideale Teig sollte geschmeidig sein und nicht an den Fingern kleben bleiben. Wenn er zu klebrig ist, sollte man mehr Mehl hinzufügen, wenn er zu krümelig ist, können Sie ihn mit ein wenig Wasser elastischer machen.

1. Damit der Salzteig haltbar bleibt, muss man ihn lange backen. Den Backprozess bei 70 °C beginnen, dann die Temperatur nach und nach auf 120 °C erhöhen.
2. Mindestens zwei Stunden backen, bei dicken Objekten auch länger.
3. Die Temperatur des Backofens nicht weiter erhöhen, da der Teig sonst verbrennt.
4. Wenn der Teig gebacken ist, kann Ihr Kind die kleinen Werke bemalen.
5. Nehmen Sie Acrylfarbe, da diese am besten deckt. Temperafarben können aber ebenfalls verwendet werden.
6. Wenn Ihnen die Farbe zu eintönig ist, färben Sie den Teig direkt ein. Ein paar Tropfen Lebensmittelfarbe im Wasser reichen aus. Oder mischen Sie farbige Gewürze wie Safran, Kreuzkümmel, Paprika etc. zusammen mit dem Mehl.

KREATIVE IDEEN

Die Kleinen *verwenden am besten Ausstechformen. Alternativ können auch Schnecken, Raupen oder Teigbällchen geformt werden, um daraus einen Kerzenhalter zu machen.*

Mit den Älteren *können Sie etwas schwierigere Figuren, wie Tiere, Blumen oder Männchen formen. Dekorative Formen eignen sich auch, um sie mit starkem Kleber auf eine Brosche oder einen Magneten zu kleben.*

Meditationsübung

Eine kleine Anleitung zu den ausgesprochen wohltuenden Meditationsübungen in diesem Buch: Die Übungen können zu jeder Tageszeit an einem ruhigen Ort durchgeführt werden. Das Kind muss auf dem Rücken liegen, also auf einem Teppich, einer Matte oder auf seinem Bett. Ein Elternteil bleibt an der Seite des Kindes. Sprechen Sie ruhig, aber dennoch packend. Ihre Finger wandern über jeden Teil des Körpers, über den gesprochen wird. Das Kind soll sich dabei auf die einzelnen Körperteile konzentrieren, die von Ihnen beschrieben werden.

Der Körper

Der Kopf

1. Das Kind soll sich vorstellen, dass sein Kopf ein Berg ist, und dass die Reise am Gipfel des Berges beginnt und im Tal endet.
2. Legen Sie die Finger auf den Kopf, die Spitze des Berges.
3. Bewegen Sie die Finger auf der gesamten Oberfläche der Stirn. Erklären Sie Ihrem Kind, dass es sich dabei um einen Bergsee handelt.
4. Gehen Sie weiter und berühren Sie die Augenbrauen. Beschreiben Sie diese als zwei Nadelbaumwälder.
5. Fahren Sie über beide Augen und erklären Sie, dass beide seit heute morgen schon viel arbeiten mussten.
6. Vergessen Sie nicht die Ohren, die zwei Felsen darstellen, die heute schon viel gehört haben und sich nun ausruhen sollen.
7. Berühren Sie die Wangen und beschreiben Sie diese als die Abhänge des Berges, die sich entspannen müssen, um ein Küsschen zu bekommen.
8. Fahren Sie mit der Nase fort, dem Gipfel, der unser Leben lang auf Trab ist, und jetzt ein Recht darauf hat, sich zu entspannen.
9. Berühren Sie nun die Lippen und den Mund. Diese Gletscherspalte, die reden kann, muss sich nun auch ausruhen. Beenden Sie die Reise am Kinn, dem letzten Hügel vor dem Tal.

Der ganze Berg – das Gesicht – ist nun vollkommen entspannt.

IHR KIND LIEGT MIT GESCHLOSSENEN AUGEN AUF DEM RÜCKEN. DIE ARME LIEGEN AUSGESTRECKT AM KÖRPER. EINE SOLCHE REISE FÖRDERT DIE ENTSPANNUNG UND DAS GEFÜHL FÜR DEN EIGENEN KÖRPER.

Gemeinsame Aktivität

Wenn man die Stimmung seines Gegenübers kennt, weiß man, wann man wem aus dem Weg gehen sollte. So lassen sich unnötige Spannungen vermeiden. Um eine friedliche Atmosphäre zu Hause herzustellen, improvisieren Sie ein kleines Gemälde, auf dem jeder seine momentane Stimmung ausdrücken kann. Natürlich ist nichts festgelegt, denn Stimmungen können sich ändern. Wichtig ist, dass das Resultat für alle zugänglich und sichtbar ist, auch für die Kleinsten. Diese Methode entschärft Streit und fördert die Harmonie, denn eine klar kommunizierte Emotion wird immer verstanden.

Welche Laune hast du heute?

Für die Kleinen ist es wichtig, dass Sie ihnen den Sinn und Zweck des Gemäldes erklären. Sie sollten jedes Bild verstehen. Dazu nehmen Sie die verschiedenen Stimmungen, die gemalt wurden, und erklären sie ihnen. Den Kleinen wird diese Übung schnell gefallen. Jeden Tag, vielleicht sogar mehrmals am Tag, werden sie einen Sticker an die entsprechende Stelle kleben, der zu ihrer Stimmung passt.

1. Markieren Sie auf einem Stück dicker Pappe sechs Spalten. In jede Spalte tragen Sie oben ein Wort ein, das zu einer bestimmten Stimmung passt: „traurig", „glücklich", „verärgert", „müde", „aufgeregt" oder „missmutig".

2. Illustrieren Sie die Stimmungen, wie es Ihnen gefällt. Sie können Smileys, Cartoons, Tierbilder, Porträts etc. verwenden. Wenn Sie ältere Kinder haben, beauftragen Sie diese mit dieser Aufgabe oder schlagen Sie ihnen vor, jede Stimmung zu imitieren und zu fotografieren. Ihr Gemälde wird einzigartig werden!

3. Bereiten Sie eine Pappe mit einer Spalte für jede Person in Ihrem Haushalt mit dem entsprechenden Vornamen oder einem Foto vor. Auf die Rückseite eines Zettels kleben Sie mehrfach verwendbare Klebefolie. So kann jede Person in Ihrem Haushalt seine Stimmung eindeutig positionieren und auf die Pappe kleben. Wenn Ihr Gemälde am Kühlschrank hängt, können Sie auch magnetische und beschreibbare Sticker verwenden.

STIMMUNGEN À LA CARTE

Während dieser Übung machen Ihre Kinder Sie vielleicht darauf aufmerksam, dass ein paar Stimmungen fehlen: hungrig, besorgt, stolz ... Wer weiß? Hören Sie ihnen zu. Das ist eine tolle Möglichkeit, ihre Kinder besser zu verstehen.

Yogaübung

Die Berghaltung

1. Diese Übung wird aufrecht stehend durchgeführt. Deine Beine stehen etwa 10 cm auseinander.
2. Beide Arme baumeln entlang des Körpers. Du spreizt die Hände und bewegst die Arme langsam vom Körper weg.
3. Entferne deine Arme noch ein bisschen weiter vom Körper.
4. Beide Hände befinden sich jetzt in einem rechten Winkel zu den Armen. Versuche, die Finger nach oben zu ziehen.
5. Atme dreimal tief ein und aus.

Nutzen

Unser Gleichgewicht ist instabil und nicht besonders ausgeprägt, oft kann man es nicht halten. Diese Übung hilft, den Gleichgewichtssinn zu entwickeln und Fehlstellungen der Rückenwirbel zu lösen.

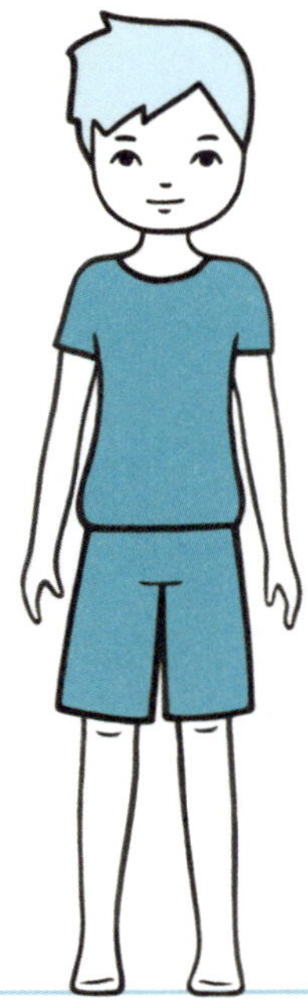

1

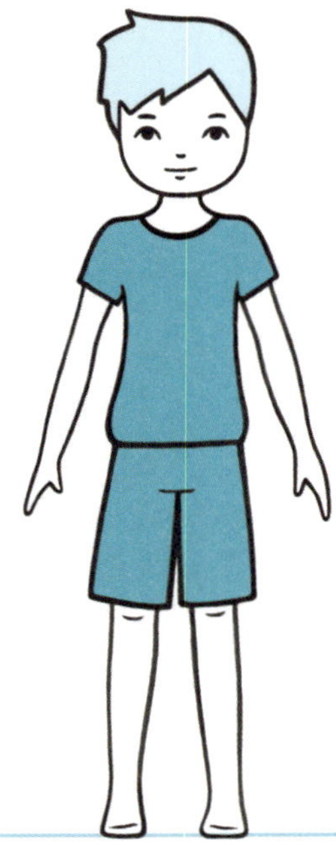

2

3

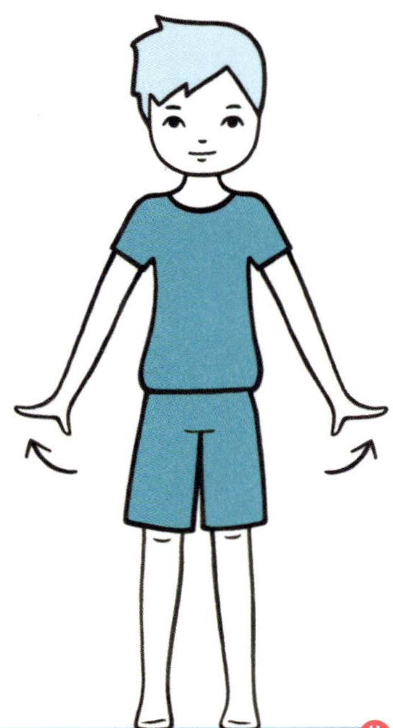

4

5

Gemeinsame Aktivität

Seifenblasen-Spiele sind bei Kindern, besonders den Jüngsten, sehr beliebt. Sie mögen es, die Blasen zu beobachten, sie fliegen zu sehen und ihr Farbenspiel zu bewundern. Leider wird das Seifenwasser oft verschüttet, bevor es ganz aufgebraucht ist. Ein kleines Drama – und die entspannende Aktivität endet mit Stress. Glücklicherweise können Sie Seifenwasser mithilfe von vier Komponenten beliebig oft nachproduzieren. Wenn Sie nicht das richtige Werkzeug haben, um Blasen zu produzieren, ist es ganz einfach, eines zu basteln – für kleine oder große Blasen! Ein großes Vergnügen, das oft kein Ende finden will.

Seifenblasen

Zubereitung des selbstgemachten Seifenwassers

Zutaten:

- *1 Glas Wasser (ca. 100 ml)*
- *¼ Glas Spülmittel*
- *1½ TL Zucker*
- *½ TL Maisstärke*

Mit den Älteren denken Sie sich neue Hilfsmittel in allen möglichen Größen aus. Schneiden Sie beispielsweise eine Plastikflasche auseinander – wenn Sie durch die schmale Öffnung blasen, entstehen riesige Seifenblasen. Ein Stück Schlauch funktioniert auch sehr gut, denn Sie können die Blase immer weiter aufblasen, weil sie am Ende des Schlauches hängt.

1. Den Zucker mit der Maisstärke vermischen und mit dem Wasser verdünnen.
2. Den Rest des Wassers dazugeben. Dann das Spülmittel hineingeben und vorsichtig vermischen, damit die Seifenlauge nicht zu sehr schäumt.
3. Um Blasen zu machen, verwenden Sie den kleinen Plastikring von dem Drehverschluss einer Getränkeflasche. Ein geriffelter Rand ist vorteilhaft. Stellen Sie am besten einen größeren Vorrat her.
4. Ansonsten verwenden Sie einen Strohhalm, biegen einen Kleiderbügel aus Draht in Form eines Ringes, oder benutzen den Griff einer Schere, um Doppelblasen zu produzieren.
5. Bestaunen Sie die Größe, die Formen und Farben der Seifenblasen. Viel Spaß bei dem Wettbewerb, wer die größte Seifenblase produziert!

TIPP: **Wenn das Wetter nicht mitspielt, nutzen Sie einfach das Badezimmer, um glänzende Seifenblasen zu produzieren.**

Meditationsübung

Von der Natur inspiriert

Schmetterling und Nektar

1. Du verwandelst dich in einen Schmetterling, der Nektar sammelt, um ihn dann wieder abzugeben. Setze dich auf den Boden. Dein Rücken ist gerade und die Beine sind nach vorn ausgestreckt.

2. Winkle deine Knie an, damit sich deine Fußsohlen berühren. Beide Hände liegen auf den Zehenspitzen.

3. Aus dir ist ein Schmetterling geworden! Bewege nun deinen Oberkörper nach vorn und versuche mit deiner Stirn deine Füße zu berühren. Diese Vorwärtsbewegung aber nur so weit durchführen, dass es nicht wehtut.

4. Jetzt hebst du langsam wieder den Kopf und atmest weiter.

5. Wenn dein Rücken wieder aufgerichtet ist, lässt du die Luft langsam durch den Mund entweichen. Der Schmetterling gibt jetzt den aufgenommenen Nektar wieder ab.

6. Du kannst diese Übung mehrmals wiederholen, führe sie aber in Ruhe und ohne Hektik aus.

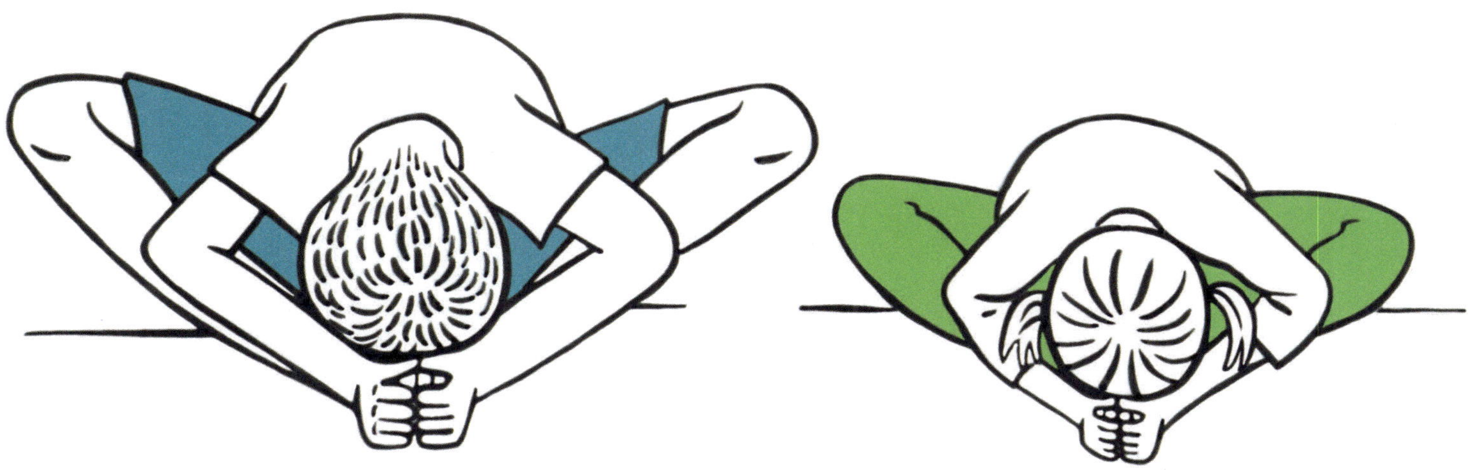

FÜHREN SIE DIESE ÜBUNG GEMEINSAM MIT IHREM KIND DURCH. ES WIEDERHOLT IHRE BEWEGUNGSABLÄUFE, DIE SIE IHM VORMACHEN. ERKLÄREN SIE IHREM KIND, WAS DIE ÜBUNG BEDEUTET.

Gemeinsame Aktivität

Mit Stempeln lassen sich schöne Bilder anfertigen. Sogar die ganz Kleinen können damit tolle Ergebnisse erzielen. Farben und Formen lassen sich beliebig miteinander kombinieren. Zur Herstellung eines Stempels können Sie ganz normale Haushaltsgegenstände verwenden bzw. zweckentfremden. So können Sie sofort losstempeln. Es macht Spaß, ist beruhigend und befriedigend, weil das Ergebnis sofort sichtbar ist. Sobald Ihre Kinder die Technik beherrschen, können Sie individuelle Zeichnungen, Briefpapier, Notizbücher etc. herstellen. Die Möglichkeiten sind schier endlos.

Stempeln

Die Kleinen benutzen einen Lego- oder sonstigen Steckbaustein als Stempel.

Legosteine können von jeder Seite benutzt werden, um verschiedene Muster zu stempeln.

KEINE TINTE IM HAUS?

***Wenn Sie kein Stempelkissen haben** (idealerweise mit verschiedenen Farben), verwenden Sie abwaschbare Wandfarbe. Tragen Sie die Farbe mit einer Bürste auf den Stempel auf, damit er nicht zu viel Farbe aufnimmt.*

Wenn Sie etwas mehr Zeit haben

1. Produzieren Sie eigene Stempel, indem Sie mit einem Teppichmesser ein Gummistück, eine Kartoffel oder eine Möhre zurechtschneiden.

Diese Arbeit darf nur von einem Erwachsenen gemacht werden, da die Aufgabe viel Genauigkeit erfordert und Messer nicht in Kinderhände gehören. Am einfachsten sind geometrische Formen.

2. Verwenden Sie andernfalls Ausstechformen, die Sie in ein Gemüse stechen. Sie müssen dann nur noch die Ränder beschneiden.

Mit den Älteren

1. Schneiden Sie Stempelformen aus Pappe (Haus, Herz, Sterne) oder Schaumstoffplatten, mit denen Sie filigranere Muster (Blume, Vogel, Mann, Silhouette) herstellen können.

2. Kleben Sie jede Form auf ein Stück Pappe oder auf eine Plastikflaschenkappe, die als Halter für den Stempel dient. Dann haben Ihre Kinder hinterher auch keine Tinte an den Fingern ...

TIPP: **Wenn Sie Buchstaben oder Zahlen als Stempelform verwenden möchten, denken Sie daran, diese spiegelverkehrt herzustellen!**

Zwischendurch

Schnecken-Mandala

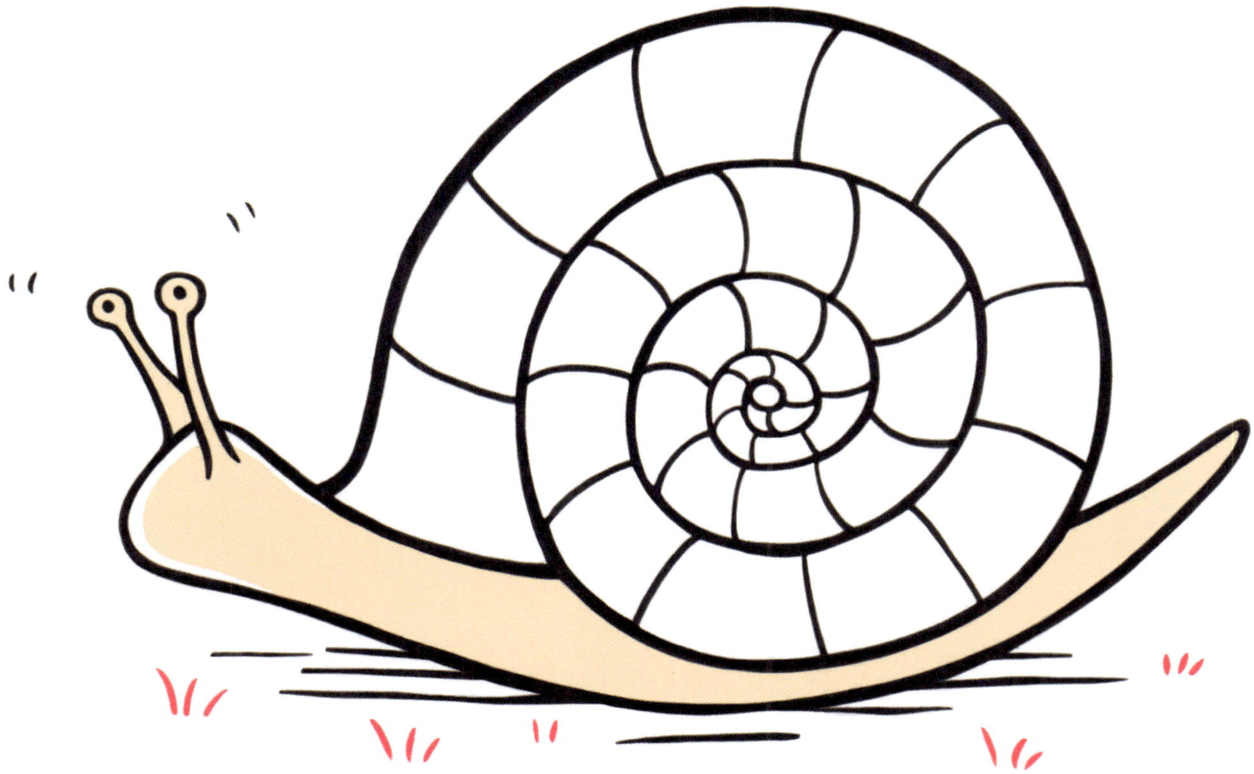

Wir helfen **den Kleinen**, fünf oder sechs sehr helle Farben zu wählen, um Fröhlichkeit auszudrücken. Dann malen wir das Haus der Schnecke aus und achten darauf, dass zwei aufeinanderfolgende Segmente nicht die gleiche Farbe haben.

Die etwas Älteren übernehmen die gleiche Aufgabe. Sobald die Reihenfolge der Farben festgelegt ist, muss sie bis zur Mitte des Schneckenhauses beibehalten werden.

Die Älteren benutzen dunkle und helle Buntstifte. Sie färben jedes Segment in der gleichen Reihenfolge. Mit jeder neuen Wiederholung üben sie aber etwas weniger Druck auf den Stift aus, sodass die Farbtöne zum Inneren des Schneckenhauses immer blasser werden.

Gemeinsame Aktivität

Sie brauchen so gut wie nichts, um Ihre Kinder zum Träumen zu bringen. Basteln Sie Fingerpuppen, die auf jede Hand passen. Oder besser gesagt: auf jeden Finger. Zehn Finger bedeuten zehn potenzielle Puppen. Sie sind einfach herzustellen, lustig und machen allen Spaß. Die Kleinen werden sie mit Freude anschauen oder ihre eigenen Geschichten erfinden. Die Älteren versuchen sich als Regisseure und laden den Rest der Familie zum Auftritt ein. Es ist für jeden etwas dabei und sorgt sogar für Spaß im Badezimmer! Eine großartige Möglichkeit, seine Hände kennenzulernen und mit ihnen zu spielen.

Mit Fingerpuppen spielen

Bei den Kleinen sind Sie der Schauspieler:

1. Bemalen Sie Ihre Finger mit abwaschbarer Farbe. Zeichnen Sie auf die Innenseite der Finger, dann sind Ihre Figuren beweglicher.
2. Vervollständigen Sie Ihr Kunstwerk mit einer Nase, einem Schnurrbart, einer Halskette oder einer Brille. Ein paar Details reichen aus, um eine Figur zu erschaffen.
3. Während des Badens können Sie eine Bühne auf dem Badewannenrand simulieren. Schneiden Sie die Finger eines Gummihandschuhs ab und malen Sie mit wasserfesten Stiften die Fingerpuppen darauf. Erfolg garantiert! Ihr Kind kann die Fingerpuppen risikofrei in der Badewanne benutzen.

AUFTRITT!

Sie wollen eine Vorstellung geben? *Erfinden Sie eine Geschichte! Verstellen Sie Ihre Stimme und vergessen Sie die Geräuscheffekte nicht. Die Kleinen werden sich freuen! Wenn Sie keine eigene Idee haben, spielen Sie einfach das Lieblingsbuch Ihres Kindes nach.*

Bei den Älteren sind Sie der Zuschauer:

1. Helfen Sie ihnen, ihre Finger zu bemalen und Accessoires wie ein Band hinzuzufügen, um einen Schal oder eine Nussschale an der Spitze des Zeigefingers als Hut zu basteln.
2. Sie können Fingerpuppen auch aus Papier basteln. Rollen Sie ein Blatt Papier zusammen, das über den Finger gestülpt und mit Accessoires beklebt werden kann, oder rollen Sie den Papierstreifen direkt um den Finger.
3. Lustig ist es auch, die Umrisse einer Figur aus einem Stück Pappe zuzuschneiden.
4. Machen Sie zwei Löcher am unteren Rand, damit man dort die Finger hindurchstecken kann. Eine animierte Figur!

Yogaübung

Der Mond

1. Diese Übung wird mit leicht auseinanderstehenden Beinen durchgeführt.

2. Während du atmest, hebst du die ausgestreckten Arme vor den Körper und dann langsam nach oben.

3. und 4. Wenn die Arme ganz ausgestreckt nach oben weisen, biegst du deinen Rücken ein wenig ins Hohlkreuz.

5. Kehre ausatmend in die Ausgangsposition zurück.

6. Wiederhole die Übung dreimal.

Nutzen

Diese Übung entspannt die Wirbelsäule. Das Dehnen der Bauchmuskulatur und des Darms ermöglicht eine bessere Funktion des Verdauungssystems.

Gemeinsame Aktivität

Die Herstellung von Papierblumen ist eine Aufgabe, die sowohl Jung als auch Alt anspricht. Jeder kann hier einen Weg finden, seine Kreativität auszudrücken. Flache oder dreidimensionale Papierblumen – es gibt Tausende von Möglichkeiten, je nach Material, das man gerade zur Hand hat. Jeder kann seine eigenen Ideen umsetzen und Blumen nach seiner individuellen Stimmungslage oder je nach Jahreszeit erschaffen.

Blumen basteln

Vorbereitung

Material:

- *Pappteller*
- *Schere mit runden Enden*
- *Wattebällchen*
- *Aluminiumpapier*
- *Holzstäbchen*
- *Plastikbecher*
- *Krepppapier*
- *Filzstifte*
- *Klebeband*

Die ganz Kleinen stellen flache Blumen her.

1. Zeichnen Sie große stilisierte Blumen auf den Rücken eines Papptellers und schneiden Sie die Pappe an den Umrissen aus.
2. Ihre Kinder können sie mit Wattebällchen oder Aluminiumpapier dekorieren oder sie mit Filzstiften bemalen.
3. Fixieren Sie jede Blume auf einem Holzstäbchen, um daraus einen Strauß zu machen, den man in eine Vase stellen kann. Die Vase wird mit Sand oder Moos befüllt.

Mit den Älteren basteln Sie dreidimensionale Blumen.

1. Verwandeln Sie einen Plastikbecher in eine Blume, indem Sie den Becher mit vertikalen Schnitten einschneiden. Jeder Streifen, den sie nach außen biegen, ist ein Blütenblatt.
2. Wer schon etwas geschickter ist, schneidet lange Streifen aus Krepppapier aus, zerknittert diese zwischen den Fingern und dreht sie, um daraus eine dreidimensionale Blume zu formen.

BLUMEN OHNE BLUMENSTRAUSS

Sie haben keine Holzstäbchen und Ihre Blumen haben keinen Stängel, sodass man keinen Strauß machen kann? *Fertigen Sie eine Blumengirlande. Heften Sie die Blumen an eine Schnur und hängen Sie die Kunstwerke an eine Wand oder ein Fenster.*

Eine Geschichte zur Entspannung

14. WOCHE

Sommer

Leg dich hin und entspanne dich. Es ist ein schöner Sommertag. Du bist im Garten oder im Park und beobachtest die Pflanzen, Bäume und Blumen. Plötzlich hörst du ein Gewitter. Es donnert. Du rennst weg, um dich in Schutz zu bringen, aber die Regentropfen und die frische Luft auf deinem Gesicht machen dich ganz unruhig.

Dann tauchen die Sonnenstrahlen wieder auf und du gehst zurück, um die Wunder des Sommers zu erforschen. Die Blüten haben sich in bunte Früchte verwandelt. Die Kirschblüten, die im Frühjahr weiß waren, sind zu süßen roten Kirschen gereift. Du schaust dich um und entdeckst – so weit das Auge reicht – ein wunderschönes Mohnfeld , das wie ein rotes Blumenbeet aussieht. Es ist Zeit für das Mittagessen; du hast ein Picknick vorbereitet. Ameisen kommen heran und fressen die Krümel von deinem Butterbrot. Vorsicht vor den Bienen, die nach Futter suchen und an die Früchte und den Kuchen herankommen wollen!

Beobachte nun das Ballett der Tiere um dich herum. Eichhörnchen suchen nach Eicheln oder Haselnüssen. Die Fische schwimmen quicklebendig umher, um Mücken oder Wasserpflanzen im Fluss zu fangen. Der Sommer macht mit dir dasselbe wie mit den Tieren und der Natur: Er ist voller Leben und Schwung!

EINE GESCHICHTE ZUM VORLESEN, UM DIE GEMEINSAMEN MOMENTE DER RUHE UND ENTSPANNUNG ZU FÖRDERN.

Gemeinsame Aktivität

Ob mit Salzteig, Modelliermasse, Ton oder Knete – improvisieren Sie einen Modellier-Workshop, in dem sich jeder ausdrücken kann. Teig zu kneten ist sehr entspannend und hilft, den Stress des Tages loszuwerden. Das Gestalten der Figuren fördert auch die Ruhe, weil Modellieren Konzentration erfordert, während zugleich die Fantasie angeregt wird. Vermeiden Sie Momente der Frustration. Weil die Werke nicht immer so gelingen, wie der Künstler es will, sollten Sie sich Zeit nehmen, um die Arbeit der anderen zu loben und wertzuschätzen. Ermutigen Sie und spenden Sie Inspiration und Ideen.

Figuren kneten

Beginnen Sie mit der Auswahl der Knetmasse.

Die Kleinen *sollten Salzteig verwenden. Er ist günstig und ungiftig. Modelliermasse ist ebenfalls eine Option.*

Die Älteren *versuchen, sich in die Haut eines Bildhauers zu versetzen. Sie formen mit Ton oder bearbeiten bunte Knetpaste.*

1. Bevor Sie beginnen, können Sie ein Museum besuchen, um mit Ihren Kindern die Arbeit von Bildhauern zu entdecken. Dies wird sie sicherlich inspirieren. Oder suchen Sie nach Bildern von Skulpturen oder Werken in Büchern oder im Internet, um Ihren Kindern Ideen zu liefern.

2. Modellieren kann eine mühsame Arbeit sein, weil die Ergebnisse nicht immer das darstellen, was wir uns erhofft haben. Zögern Sie nicht, Ihren Kindern Hilfestellung anzubieten: Knöpfe, Zahnstocher, Murmeln, Nüsse, Perlen, Holzstücke, Kieselsteine – je nach Jahreszeit können Sie Objekte aus der Natur verwenden, die Sie vorher gesammelt haben, beispielsweise während eines Spaziergangs.

4. Lassen Sie die Älteren selbst herausfinden, was sie zur Dekoration ihrer Werke verwenden möchten. Schlagen Sie vor, dass sie auch verschiedene Objekte verwenden können, um Muster in die Knetmasse zu stanzen und so eine Reliefstruktur zu erzeugen.

BEENDEN SIE DIESE AKTIVITÄT, INDEM SIE EINE KLEINE AUSSTELLUNG PRÄSENTIEREN. JEDER WIRD STOLZ AUF DAS SEIN, WAS ER ERSCHAFFEN HAT.

Zwischendurch

Herz-Mandala

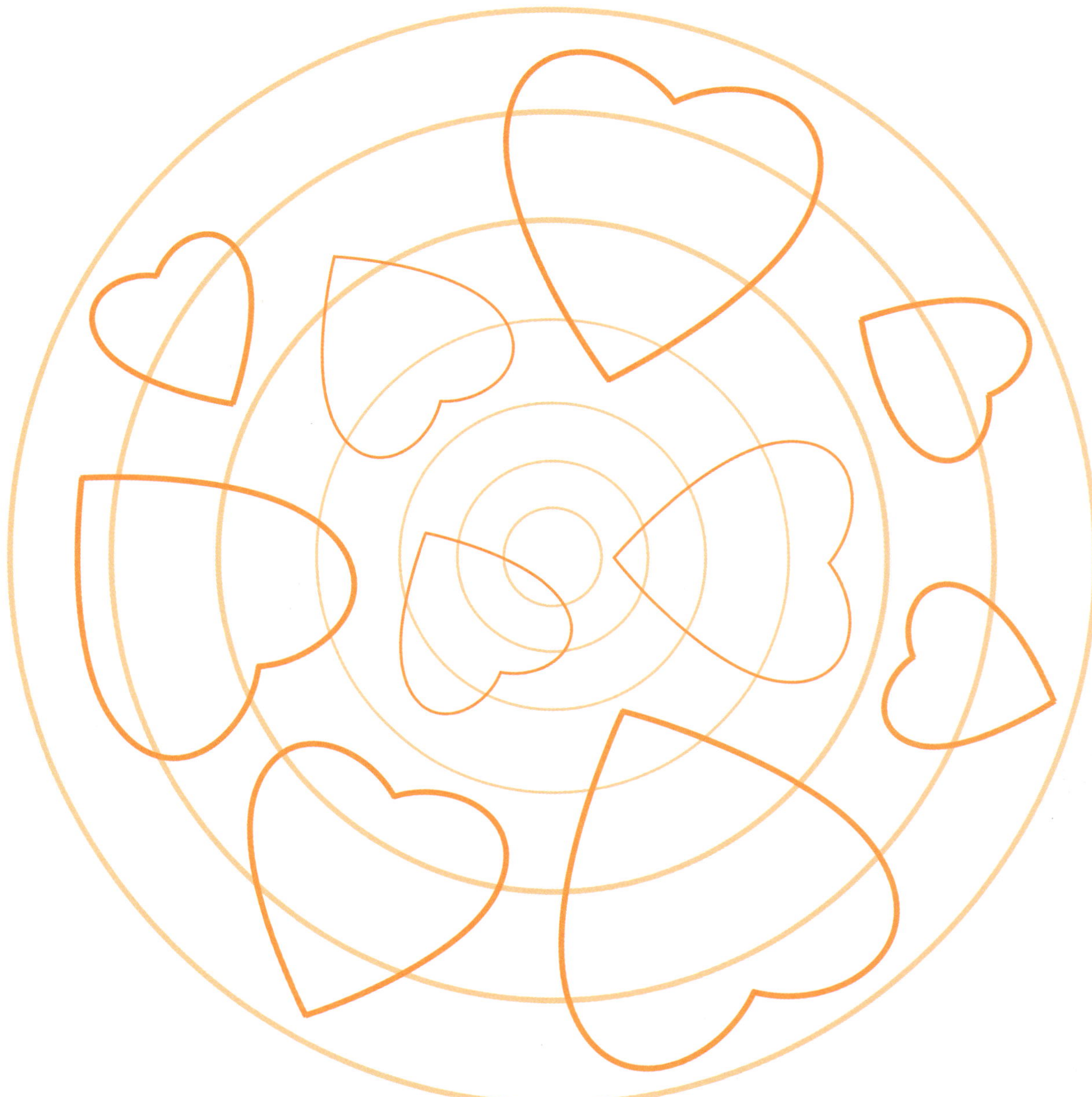

Die Kleinen malen die Herzen rot, rosa oder lila aus.

Die Mittleren malen die Herzen in nur einer Farbe aus. Die Kreise werden – von außen nach innen – mit warmen (Rot, Rosa, Orange, Gelb) hin zu kalten Farben (Grün, Türkis, Blau, Lila) ausgemalt.

Die Älteren malen das Motiv nur mit roter und rosa Farbe aus. Die Kreise werden im Wechsel rot/rosa/rot/rosa etc. ausgemalt. Jeder Teil eines Herzens, der an einen roten Kreis grenzt, wird rosa. Jeder Teil des Herzens, der an einen rosafarbenen Kreis grenzt, wird rot.

Gemeinsame Aktivität

Unser Geruchssinn wird ständig beansprucht, auch wenn wir es nicht immer bemerken. Oft wird er durch das, was wir sehen, beeinflusst und genau dies hindert uns daran, Gerüche wertzuschätzen – oder eben nicht. So sind es auf einem Blumenfeld die Farben, die uns sofort ansprechen. Wir müssen erst die Augen schließen, um den Duft der Blumen wahrzunehmen. Haben Sie Spaß daran, mit Ihren Kindern den Geruchssinn zu erforschen und zu lernen, wieder richtig zu riechen? Dazu braucht man nur duftende Stoffe und ein bisschen Ruhe. Psst! Schließt die Augen und riecht!

Geheimnisvolle Düfte

1. Verbinden Sie Ihren Kindern die Augen und lassen Sie sie verschiedene Dinge riechen, die Sie vorher ausgesucht haben. Passen Sie das Experiment dem Alter des Kindes an.

EIN PAAR DUFTIDEEN

Zahnpasta, Duschgel, Rosen, Erdbeeren, Himbeeren, Granatapfel, Mamas Parfüm, Vanille, Lavendel, Minze, Toastbrot, Kaffee, Erdbeerkonfitüre, Pfeffer, Zimt, Zwiebeln, Thymian, Rosmarin, Schokolade, Zitrone, Knoblauch, Banane, Essig …

Kaffee hat sicherlich einen starken und charakteristischen Geruch, aber ein dreijähriges Kind wird diesen Geruch nicht unbedingt erkennen. Den Geruch seines Badezusatzes aber schon!

2. Beginnen Sie mit gewohnten und eindeutigen Gerüchen, die einfach zu erkennen sind.

3. Steigern Sie den Schwierigkeitsgrad schrittweise. Platzieren Sie zwischendurch einen richtig ekligen Duft. Das macht Spaß! Zögern Sie nicht, einige Lebensmittel zu zerdrücken, damit sie ihren Duft freisetzen.

4. Für die Älteren geben Sie verschiedene Teebeutel in heißes Wasser und bitten sie, das Aroma zu erkennen.

TIPP: In Parfümerien wird dem Kunden oft vorgeschlagen, zwischen dem Testen zweier Parfüms an Kaffee zu riechen, damit man die zahlreichen Düfte noch voneinander unterscheiden kann. Versuchen Sie die gleiche Methode auf spielerische Weise zu Hause.

Meditationsübung

Atmung – von der Natur inspiriert

Der Elefant

1. Du stehst aufrecht mit geschlossenen Füßen.

2. Du wirst zu einem Elefanten, der Wasser aus einem Teich in seinen Rüssel saugt und es wieder herauspustet. Strecke beide Arme nach vorn und lege eine Hand auf die andere. Die Handflächen zeigen nach unten.

3. Beuge deinen Oberkörper so weit es geht nach vorn.

4. Richte dich langsam wieder auf, verändere aber nicht die Position der Hände. Atme langsam und imitiere das Geräusch des Wassers, das der Elefant mit seinem Rüssel aus einem Teich saugt.

5. Sobald beide Arme über dem Kopf sind, bewege deinen Oberkörper langsam wieder nach unten. Atme langsam aus und lass das Wasser wieder aus deinem Körper heraus. Der Elefant bläst das Wasser wieder durch seinen Rüssel heraus.

6. Du kannst diese Übung mehrmals in Ruhe wiederholen.

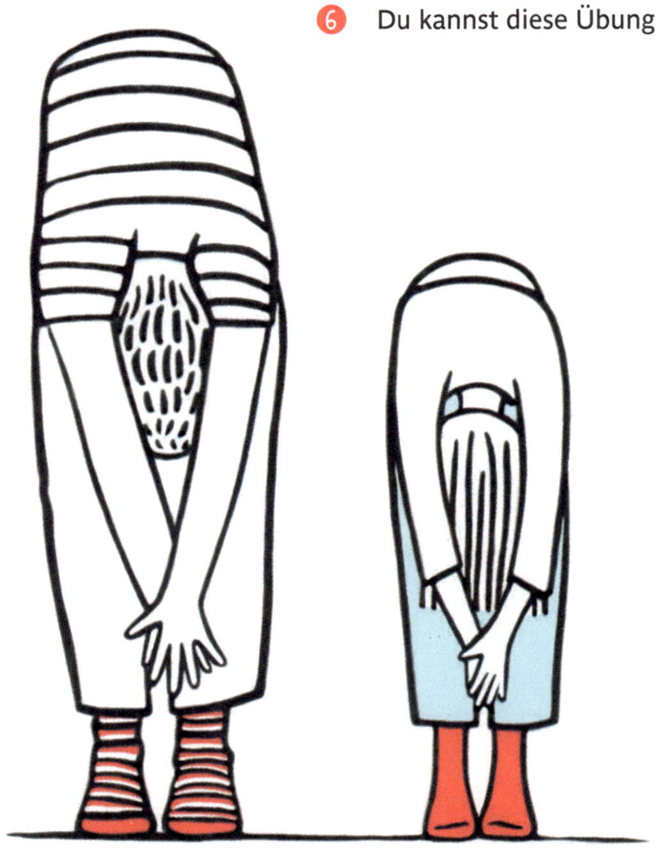

FÜHREN SIE DIESE ÜBUNG GEMEINSAM MIT IHREM KIND DURCH. ES MACHT DIE GESTEN, DIE SIE IHM ZEIGEN, AUFMERKSAM NACH UND HÖRT ZU, WAS SIE DABEI ERKLÄREN.

18. WOCHE

Gemeinsame Aktivität

Das englische Wort *Smoothie* bedeutet „cremig". Genau das ist es, was einen Smoothie ausmacht. Wenn man ihn trinkt, hinterlässt er einen milden, wohltuenden Geschmack. Bereiten Sie Smoothies mit Ihren Kindern zu und mixen Sie sich ein kühles, vitaminhaltiges Getränk ohne überflüssige Kalorien. Die Rezepte sind sehr einfach und variieren je nach Jahreszeit und den zur Verfügung stehenden Früchten. Wenn Ihre Kinder den Dreh raus haben, werden sie sicherlich ein paar eigene Kreationen erschaffen.

Smoothies mixen

Zubereitung eines Smoothies

passend zur Jahreszeit

Zutaten:

- *1 Banane (als Basis)*
- *2 oder 3 Früchte der Saison*
- *½ Liter fettarme Milch*
- *einige Eiswürfel (im Sommer)*
- *1 TL Honig (nur wenn der Smoothie nicht süß genug ist)*

Die Banane gibt dem Smoothie eine sämige Konsistenz. Deswegen ist sie die Basis für jeden Smoothie.

1. Alle geschälten und entkernten Früchte und die fettarme Milch in den Mixer geben. Wenn es heiß ist, fügen Sie einige Eiswürfel hinzu.

BLENDER ODER MIXER?

Die optimale Wahl für die Zubereitung von Smoothies ist ohne Frage ein Blender, der die Früchte zerkleinert und sie zu einer glatten Masse mixt. Sie müssen aber kein Geld investieren, wenn Sie keinen haben. Ein Mixer mit guter Leistung (mehr als 400 kW) und einem guten Schneidewerkezeug aus Metall erledigt die Arbeit auch sehr gut.

2. Man kann unterschiedliche Früchte miteinander mixen. Die Kleinen bevorzugen aber süße und reife Früchte.

3. Vermeiden Sie eine Mixtur aus zu vielen Früchten. Am Ende erhalten Sie im schlimmsten Fall eine Mischung ohne echten Geschmack.

4. Im Großen und Ganzen muss man das Getränk nicht nachsüßen. Wenn Sie es dennoch süßen wollen, geben Sie ein wenig Honig bei der Zubereitung hinzu.

Variante:

Ändern Sie den Geschmack Ihrer Smoothies, indem Sie Milch durch Naturjoghurt, Sojamilch und Kokosmilch ersetzen – oder Eiscreme! Darüber hinaus kann man den Smoothie mit Orangen- oder Apfelsaft zubereiten.

IM WINTER KÖNNEN AUCH FRÜCHTE AUS TIEFKÜHLWARE VERWENDET WERDEN.

Meditationsübung

Ruhehaltung

Diese Übung wiederholt die vorhergehenden Übungen und intensiviert sie, um die Vorgehensweise bei jeder Körpermeditationssitzung zu perfektionieren.

1. Beginnen Sie mit dem Kopf. Ihr Finger macht eine Reise über das Gesicht – von den Augen über die Nase, den Mund und die Ohren. Erklären Sie die Funktion der einzelnen Organe. Sagen Sie Ihrem Kind, dass es sich entspannen soll. Das Gesicht hat viel gesehen, gehört und geredet und muss sich jetzt ausruhen.

2. Die Reise geht weiter – über die Brust, die Schultern, die Arme, Hände und Finger. Alle Körperteile werden betastet und brauchen eine Pause. Das Herz hat geschlagen, der Körper hat geatmet, er hat verdaut und die Arme haben den ganzen Tag gearbeitet. Sie ruhen sich jetzt aus.

3. Gehen Sie zurück zu den Armen, dann über die Brust, den Bauch, bis zu den Hüften. Beschreiben Sie die Funktion des Herzens. Dann gehen Sie die Hüften entlang bis zu den Oberschenkeln hinunter. Anschließend sind die Knie, Füße und Zehen dran. Diese Hälfte des Körpers dient vor allem der Bewegung. Die Muskeln wurden angespannt und müssen sich ausruhen. Erklären Sie Ihrem Kind, wie viel Anstrengungen der Körper jeden Tag unternimmt und betonen Sie die Wichtigkeit der Ruhe.

4. Ihr Kind dreht sich auf den Bauch. Sie legen ihm Ihre Finger auf den Rücken und streichen erst über die Wirbelsäule, dann über den Po, die Beine und schließlich die Füße. Es wird oft vergessen, dass der Rücken und das Gesäß sich entspannen müssen, weil sie es sind, die uns ermöglichen, aufrecht zu stehen. Die Reise endet mit der Funktion der Füße und Fersen, die das volle Gewicht des Körpers tragen.

5. So endet diese meditative Reise über den menschlichen Körper. Nach der wohlverdienten Ruhe ist man nun voller Energie!

IHR KIND LIEGT AUF DEM RÜCKEN, DIE AUGEN SIND GESCHLOSSEN UND DIE ARME LIEGEN ENTLANG DES KÖRPERS. DIESE REISE FÖRDERT DIE RUHE UND DIE ENTSPANNUNG DES KÖRPERS.

Gemeinsame Aktivität

Dieser kleine japanische „Garten" erlaubt es Ihren Kindern, sich wirklich zu entspannen, besonders nach einem anstrengenden Tag. Mithilfe des kleinen Rechens ziehen sie langsam Wellen und Kurven zwischen die Steine ihres Gartens, um die überschüssige Energie zu kanalisieren. Jeden Tag wird ihre Kreation anders aussehen und ihre Stimmungen widerspiegeln. Sagen Sie Ihren Kindern, sie sollen sich vorstellen, dass die Steine in ihrem Garten kleine Inseln sind, die von Meer und Wellen umgeben sind. Ermutigen Sie sie, sich Zeit für die Tätigkeit zu nehmen und bei Bedarf neu anzufangen. Für noch mehr Entspannung sorgt entsprechende Hintergrundmusik.

Einen Zengarten anlegen

Herstellung des Gartens

Material:

- *1 Schuhkarton*
- *ein bisschen Sand*
- *Kieselsteine in verschiedenen Größen*
- *1 Gabel*
- *4 Streichhölzer*
- *1 Holzstäbchen*
- *feiner Karton*
- *Bastelkleber*
- *Klebeband*

Stellen Sie Ihren Zengarten aus dem Deckel eines Schuhkartons her.

Die Mittleren können den Karton bemalen oder ihn mit Papier bedecken.

1. Schütten Sie den Sand in den Kartondeckel, bis er ca. 1 cm mit Sand bedeckt ist.
2. Legen Sie nun zwei oder drei verschieden große Kieselsteine hinein, die Sie während eines Spaziergangs gesammelt haben. Anstelle der Kieselsteine können Sie auch Rinde, eine Muschel oder eine kleine Topfpflanze nehmen.
3. Beschränken Sie sich auf drei Gegenstände, damit genügend Platz bleibt, um durch den Sand zu kämmen.

Die ganz Kleinen harken den Sand mit einer einfachen Gabel.

Wählen Sie eine schöne Gabel, die mit den Rest harmoniert.

Die Älteren stellen ihren eigenen Rechen her.

1. Schneiden Sie zwei Rechtecke (4 x 1,5 cm) aus dem Karton.
2. Schneiden Sie das Ende der Streichhölzer ab und kleben Sie sie in gleichmäßigem Abstand auf den Karton.
3. Mit dem zweiten Rechteck bedecken und mit Klebeband befestigen.
4. Machen Sie ein kleines Loch zwischen die beiden Rechtecke und stecken Sie das Holzstäbchen hindurch. Fertig ist der Rechen!

SCHON GEWUSST?

Es ist verboten, Sand vom Strand mitzunehmen! *Sie müssen den Sand in der Tierhandlung oder im Baumarkt kaufen. Idealerweise wählen Sie weißen Marmorsand für Ihren Zengarten.*

Zwischendurch

Bilderrahmen für ein Porträt

Schlagen Sie Ihrem Kind vor, sich selbst zu porträtieren.

Die Kleinen berühren ihre Nase, ihre Ohren, ihre Haare etc. So lernen sie, wo welche Körperteile liegen.

Die Mittleren malen sich, wie sie sich in ein paar Jahren sehen. Als Feuerwehrmann, Tänzerin oder Ritter. Sagen Sie ihnen, dass sie auf Details achten sollen (Länge und Farbe der Haare, Augen- und Hautfarbe etc.).

Die Älteren setzen sich vor einen Spiegel und malen ein Selbstporträt.

21. WOCHE

Gemeinsame Aktivität

Claude Monet, Georges Seurat, Pierre-Auguste Renoir oder Alfred Sisley – die meisten Impressionisten sind berühmt für ihre sanft gefärbten Leinwände, ihre beschaulichen Landschaften oder das beruhigende Licht. Wir bleiben im Bereich der Eindrücke, Gefühle und Zartheit. Versetzen Sie sich mit Ihrem Kind in einen Maler, der Punkt für Punkt malt. Ihr Kind soll sich die Zeit nehmen, das Wetter zu malen, mit den Farben zu spielen, sich zu konzentrieren. So viele Dinge, die es einem erlauben, den Moment der Ruhe zu genießen.

Punkt für Punkt

Vorbereitung

Material:

- *Farbe in Tuben (zum Mischen)*
- *einen großen Vorrat an Wattestäbchen*

KUNSTGESCHICHTE

Suchen Sie sich mit Ihrem ältesten Kind das Werk eines Impressionisten aus. Ihr Kind kann versuchen, es nachzumalen. Wenn das Bild zu schwierig zum Abmalen ist, nehmen Sie ruhig ein Pauspapier. Eine gute Gelegenheit, um das Universum der Malerei zu entdecken!

Für die Kleinen suchen sie ein Motiv aus, das mit Punkten ausgemalt werden kann.

Hierzu benötigen Sie eine große Fläche zum Zeichnen und eine mit einem schwarzen Stift gezeichnete Umrisslinie. Sie können auch selbst eine Zeichnung erstellen. Mit Wattestäbchen tupft Ihr Kind Farbe auf das Motiv. Am besten eignen sich Pastellfarben. Zeigen Sie Ihrem Kind, wie man den Farbauftrag verändern kann, indem man stärker oder weniger stark auf das Wattestäbchen drückt.

Die Älteren können selbst ein Bild malen, indem sie ein Urlaubsbild oder eine Landschaft als Vorlage nehmen.

Zeigen Sie ihnen, wie man die Konturen mit einem Bleistift vorzeichnet. Danach tupft das Kind mit den Wattestäbchen Punkte auf die Fläche, bis diese ausgefüllt ist.

TIPP: Die Wattestäbchen dienen als Pinsel. Wechseln Sie die Stäbchen regelmäßig, damit sich die Farben nicht vermischen. Abgenutzte Stäbchen machen keine schönen Farbpunkte.

Yogaübung

Das Dreieck

1. Die Übung wird aufrecht und mit gespreizten Beinen durchgeführt.
2. Hebe deine Arme in Höhe der Schultern und drehe die Handflächen nach unten.
3. Atme tief ein und lass die Arme in der horizontalen Lage.
4. Neige dich zur rechten Seite, bis deine rechte Hand die rechte Ferse berührt. Während des Neigens ausatmen.
5. Der linke Arm und die linke Hand sind ausgestreckt und bilden eine gerade Linie mit dem rechten Arm.
6. Kehre in die Ausgangsposition zurück und wiederhole die Übung zur anderen Seite.
7. Wiederhole die Übung dreimal.

Nutzen

Diese Übung entspannt die Wirbel. Die Drehung des Körpers massiert den Darm und verbessert die Verdauung.

23. WOCHE

Gemeinsame Aktivität

„Der verlorenste aller Tage ist der, an dem man nicht gelacht hat", schrieb Nicolas de Chamfort. Lachen ist ein ausgezeichnetes Mittel gegen den tristen Alltag, traurige Gedanken, kleine Wehwehchen oder Frustration. Lachen baut Stress ab und fördert die Gelassenheit. Deshalb ist es wichtig, dass man jeden Tag ein bisschen lacht und dass man seine Kinder zum Lachen bringt. Schlagen Sie ihnen ein Pantomimespiel vor. Eine ruhige Atmosphäre ist vorteilhaft, weil es sich dann befreiter lachen lässt. Doch eines ist sicher: Der Lacher kommt bestimmt!

Zum Lachen bringen

Der einfachste Weg ist natürlich, jeden frei wählen zu lassen, wen oder was er nachahmen will, während die anderen raten müssen. Das geht zwar schnell, aber nicht immer sind die Ideen gut. Wenn Sie das Spiel vorbereiten, läuft es flüssiger ab und Sie können verschiedene Themen wählen.

Es kann sein, dass das erste Wort den Zuschauern bereits das Thema verrät.

FAMILIENPANTOMIME

Ersetzen Sie die kleinen Zettel durch Fotos verschiedener Familienmitglieder, die Ihre Kinder imitieren sollen. Das ist sehr lustig und jeder entdeckt, wie die anderen einen selbst wahrnehmen. Vergessen Sie nicht, ein Foto vom Hund oder Goldfisch dazuzulegen.

1. Vor dem Spielen bereiten Sie die Zettel vor, auf denen die darzustellenden Personen oder Wörter stehen.
2. Die Kinder holen die Zettel ab. Wenn sie noch nicht lesen können, malen Sie die Gegenstände oder drucken Sie sie als Bild aus.

Die Kleinen können Berufe nachmachen (Bäcker, Feuerwehrmann, Friseur ...), Sportarten darstellen (Fußball, Tanz, Tennis ...) oder Alltagshandlungen pantomimisch darstellen (Zähne putzen, Buch lesen, Fahrrad fahren ...).

Die Mittleren können Tiere nachmachen. Suchen Sie nicht nur gewöhnliche und bekannte, sondern auch exotische Tiere aus, die schwieriger zu imitieren sind.

Den Älteren stellen Sie die Aufgabe, bekannte Charaktere oder sogar Gegenstände darzustellen. Gar nicht so einfach!

Meditationsübung

Atmung – von der Natur inspiriert

Der Berg

1. Für diese Übung musst du dich in eine Sitzposition begeben. Vier Positionen sind möglich: Im normalen Schneidersitz sind Beine und Füße nach innen gekreuzt. Im erweiterten Schneidersitz liegen die Fersen auf dem Unterschenkel des gegenüberliegenden Beins. Im sogenannten halben Lotossitz liegt ein Fuß auf dem Oberschenkel des gegenüberliegenden Beins, während der andere Fuß unter dem Oberschenkel des gegenüberliegenden Beins liegt. Im vollen Lotossitz liegt der rechte Fuß auf dem linken Oberschenkel, während der linke Fuß auf dem rechten Oberschenkel ruht. Eventuell musst du dich dafür etwas mehr strecken als normalerweise, du solltest dich aber nicht zu einer extremen Dehnung zwingen. Hauptsache, du bist ruhig und entspannt. Sitzt du wie ein Berg?

2. Du bist jetzt ein Berg, den ein kleiner Mann erklimmen und wieder hinuntersteigen wird. Hebe einen Arm nach oben, um den Gipfel darzustellen. Mit dem Zeige- und Mittelfinger der anderen Hand ahmst du den kleinen Mann nach. Er wird auf den Gipfel des Berges klettern.

Die Älteren *können die Wanderung des kleinen Mannes beim Bauchnabel beginnen und ihn auch wieder bis dorthin zurückwandern lassen.*

3. Während er langsam von der Schulter nach oben klettert, atmest du langsam und ganz flach durch den Mund.

4. Wenn der kleine Mann auf dem Gipfel angekommen ist, beginnt er seinen Abstieg. Imitiere nun mit deiner Hand wieder den kleinen Mann, der am Arm hinuntersteigt. Dabei atmest du wieder langsam und flach.

5. Nun, da der kleine Mann seine Wanderung hinter sich hat, wird er den Berg mehrere Male erklimmen und hinabsteigen. Wechsle bei jedem Auf- und Abstieg die Seite.

FÜHREN SIE DIESE ÜBUNG MIT IHREM KIND GEMEINSAM DURCH. ES AHMT DIE BEWEGUNGEN, DIE SIE IHM ZEIGEN, NACH UND HÖRT ZU, WAS DIE BEWEGUNGEN BEDEUTEN.

25. WOCHE

Gemeinsame Aktivität

Es gibt Zeichnungen, die einfach immer gelingen, und solche, die uns überraschen und unsere Fantasie herausfordern. Im letzteren Fall entwickelt sich das Bild, wie es will. Nichts ist geplant oder vorbestimmt. Das Ergebnis ist immer erstaunlich. Ein solches Zufallskunstwerk ist eine angenehme Übung für Ihr Kind, da es sich nicht besonders konzentrieren muss – eine Aktivität also, die nach einem anstrengenden Tag hervorragend geeignet ist. Die einzige Anstrengung besteht darin, eine Interpretation dafür zu finden, was Ihr Kind gemalt hat.

Zufallskunstwerke

Es gibt mehrere „zufällige" Maltechniken. Sie alle haben jedoch eines gemeinsam: Die Farbe muss relativ flüssig sein, damit sie leicht zerfließen kann.

TIPP

Eine andere Technik besteht darin, ein Stück Schnur in Farbe einzutauchen, sie auf ein Blatt Papier zu legen, das Blatt zusammenzufalten und dann die Schnur in alle Richtungen zu ziehen. Natürlich kann man mehrere Schnüre in unterschiedliche Farben tunken und die Dicke der verwendeten Schnüre variieren.

1. Mithilfe eines Pinsels oder eines Fingers malt Ihr Kind einige Farbpunkte auf die Hälfte eines Blattes.
2. Bei der Auswahl der Farben und der Stärke des Farbauftrags ist das Kind natürlich vollkommen frei. Es kann auch einen dicken Klecks Farbe auftragen und dann auf der Hälfte des Blattes verteilen.
3. Um das Kunstwerk zu vollenden, muss das Blatt zusammengefaltet und fest zusammengedrückt werden. Sie können das Papier gleichmäßig zusammendrücken oder nach Belieben auf den dicken Farbklecksen extra viel Druck auf das Papier ausüben, um jeden einzelnen Klecks individuell zu zerstreichen. In jeden Fall wird das Ergebnis überraschend sein.

WENN SIE MEHRERE KINDER HABEN, FRAGEN SIE JEDES EINZELNE, WAS ES IN DEM BILD SIEHT. DAMIT REGEN SIE DIE FANTASIE AN.

Yogaübung

Stehende Vorwärtsbeuge

1. Diese Übung wird im Stehen und mit leicht gespreizten Beinen durchgeführt.

2. Lehne dich beim Ausatmen nach vorn und versuche, mit den Fingern deine Füße zu berühren. Die Beine müssen angespannt und durchgedrückt bleiben.

Übertreibe es nicht! Die Übung soll nicht wehtun!

3. Richte dich auf und atme tief ein.

4. Wiederhole die Übung dreimal.

Nutzen

Der Rücken ist der erste Nutznießer dieser Position. Die Position regt die Bauchorgane an und löst Magenprobleme und Blähgefühle.

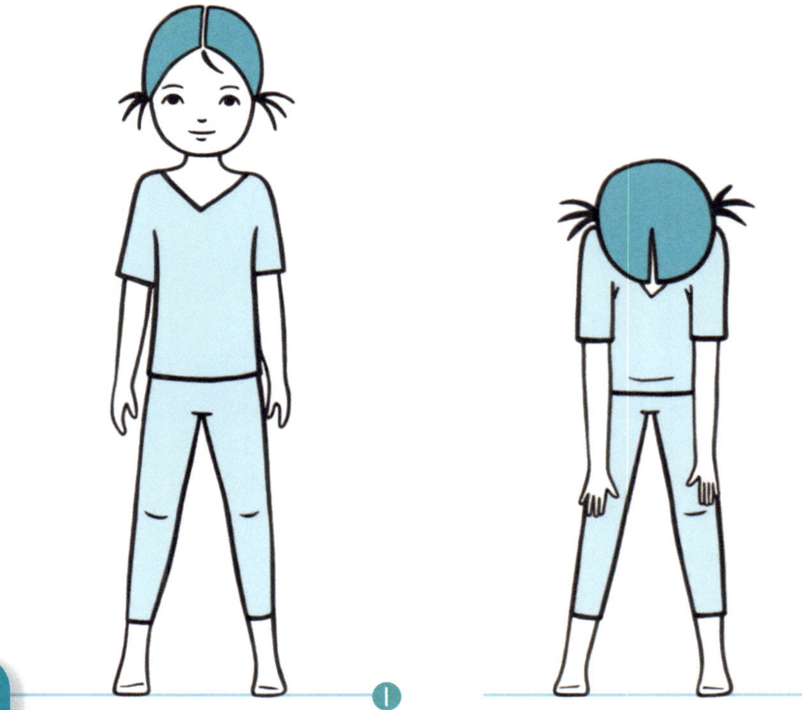

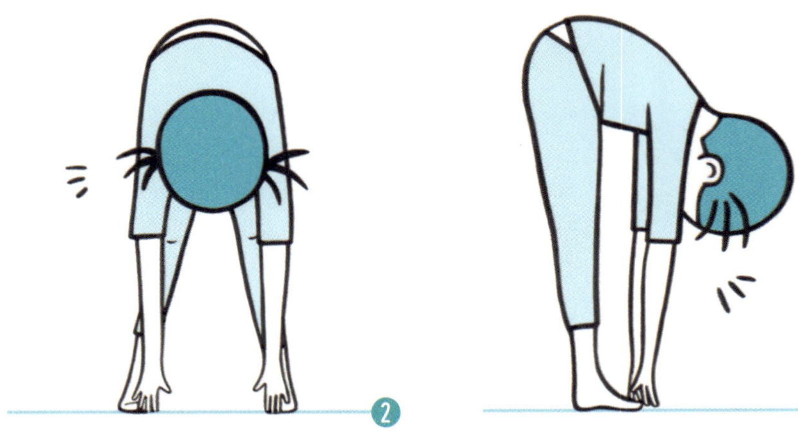

27. WOCHE

Gemeinsame Aktivität

Wenn Kinder malen wollen, geben wir ihnen meist ein Blatt Papier. Aber wie wäre es, wenn wir ihnen einmal etwas anderes als Papier geben würden? Das Blatt eines Baumes beispielsweise. Es gibt viele verschiedene Blätter, die als Basis dienen können. Wählen Sie sie sorgfältig aus, glätten Sie sie ein wenig und lassen Sie Ihre Kinder dann von der Fantasie leiten, um echte Kunstwerke zu gestalten. Sie können die Bilder im Zimmer aufhängen oder auf ein größeres Blatt kleben (diesmal ein normales Blatt Papier!), um ein Fresko herzustellen.

Blätter sammeln

- Sammeln Sie während eines Waldspaziergangs oder eines Spaziergangs durch den Park verschiedene Blätter. Helfen Sie Ihren Kindern, geeignete Blätter zu finden: ohne Löcher, in hübschen Farben, nicht zu klein (vgl. Seite 38) aber auch nicht zu glatt.

- Legen Sie die Blätter zu Hause unter ein Buch oder zwischen die Seiten eines Wörterbuchs. Am besten warten Sie bis zum nächsten Tag, bis die Blätter glatt sind. Ganz Ungeduldige können aber auch schon nach ein bis zwei Stunden mit dem Malen beginnen.

Benutzen Sie verschiedene wasserfeste Farbstifte, um die Blätter zu bemalen.

VORSICHT FLECKEN!

Sie benutzen wahrscheinlich wasserfeste Stifte. *Weil die Farbe sicherlich nicht nur auf dem Blatt, sondern auch auf der Kleidung landet, geben Sie Ihrem Kind eine alte Bluse oder ein altes T-Shirt.*

Die Kleinen *folgen den Adern des Blattes.*

Die Mittleren *machen Tattoos (kleine Punkte, Kreise, Linien, geometrische Figuren etc.).*

Die Älteren *folgen den Wölbungen des Blattes mit mehr oder weniger konzentrischen Linien.*

Eine Geschichte zur Entspannung

Herbst

Leg dich hin und entspanne dich. Weißt du, wie man die Jahreszeit der schönen Farben nennt? Es ist der Herbst. Die Blätter leuchten jetzt in verschiedenen Farben: Gelb, Gold, Rostbraun oder Braun. Sanft werden sie vom Wind von den Bäumen geweht. Du siehst die Sonne, die immer früher untergeht, und du merkst, wie die Luft immer frischer wird. Dir fällt auf, dass es immer öfter regnet. Es sind nicht mehr die typischen Sommergewitter, sondern feine und kalte Schauer.

Morgens siehst du, wie dicht der Nebel ist. Du siehst, wie er in die Äste der Bäume kriecht und die Bäume verschwinden lässt. Der Herbst ist auch die Jahreszeit, in der man Pilze im Wald sammeln kann. Vorsicht! Nicht jeder Pilz ist essbar. Manche sind giftig. Neben den Pilzen kann man auch Kastanien sammeln oder andere Nüsse finden. Du nimmst sie mit nach Hause, wäschst sie und lässt sie trocknen. Wenn du still und leise bist, kannst du auch die Tiere des Waldes beobachten. Vielleicht siehst du nicht allzu viele, weil sie sich auf den Winterschlaf vorbereiten. Das heißt, dass sie in ihrem Unterschlupf, ihren Höhlen oder ihrem Bau überwintern werden. Wenn du genauer hinschaust, kannst du die Nagetiere beobachten, die Haselnüsse, Kastanien und Eicheln beiseitelegen, damit sie Futter haben, wenn sie wieder aufwachen.

Betrachte während des Spaziergangs den Himmel. Du hörst die Vögel zwitschern. Du siehst große Gruppen fliegender Vögel, die in andere Länder fliegen. Sie fliegen dorthin, weil es dort wärmer ist. Aber sie kehren im Frühling, wenn die Tage schöner werden, wieder zurück. Du machst eine Bootsfahrt auf dem Teich. Siehst du das Spiegelbild der bunten Blätter und Bäume im Wasser? Hörst du die Zugvögel, die in andere Länder fliegen? Der Herbst ist sicherlich die Jahreszeit, die dich am meisten reisen und träumen lässt.

EINE GESCHICHTE ZUM VORLESEN. SIE VERSTÄRKT DIE RUHEPHASEN UND DIE ENTSPANNUNG ZU ZWEIT.

Gemeinsame Aktivität

Die Römer entwickelten die Kunst des Mosaiks zur Perfektion. Man kann sich leicht vorstellen, wie viele Stunden sie mit dieser Arbeit zugebracht haben müssen. Organisieren Sie mit Ihren Kindern einen Mosaik-Workshop! So lernen sie, präzise zu arbeiten und Farben bewusst wahrzunehmen. Je älter die Kinder sind, desto akkurater wird die Arbeit, aber jedem wird es gelingen, ein sehr schönes Ergebnis zu erzielen. Der Vorteil dieser Aktivität ist, dass sie in zwei Phasen stattfinden kann: die Herstellung der Mosaiksteinchen und die Umsetzung in ein Mosaik.

Mosaik aus Papier

1. Sammeln Sie kleine quadratische Schnipsel.
   Oder lassen Sie Ihre Kinder die Schnipsel aus Zeitschriften herausschneiden.

2. Dann helfen Sie ihnen, die Schnipsel nach Farben zu sortieren.

Für die Kleinen suchen Sie ein Motiv mit großen Flächen aus (oder malen Sie einen Fisch, eine große Blume, ein Haus etc.).

3. Bestreichen Sie jedes Schnipsel einzeln mit Kleber und sagen Sie Ihren Kindern, dass sie die Schnipsel nebeneinander und farblich passend auf die Oberfläche kleben sollen.

Die Älteren werden genauer arbeiten müssen, da sie passende Schnipsel zuschneiden werden, die genau in die fehlenden Lücken passen. Suchen Sie mit ihnen ein anspruchsvolleres Motiv aus oder lassen Sie sie selbst eine Vorlage zeichnen.

Was die Schönheit eines Mosaiks ausmacht, sind oft die sehr hellen Farbschattierungen zwischen den einzelnen Mosaiksteinchen. Zeigen Sie Ihren Kindern, welche Farben miteinander harmonieren, und wie sie vermeiden können, dass sehr ähnliche Mosaikschnipsel nebeneinandergeklebt werden. Helfen Sie ihnen, die Schnipsel versetzt anzuordnen, damit das Mosaik weniger geradlinig wirkt.

ZU TISCH BITTE!

Wenn die Arbeit erfolgreich ist, wieso sollte dann nicht ein hübsches Tischset daraus entstehen? Das ist eine schöne Aufgabe für die Kinder und Sie werden nicht überall im Haus kleine Papierschnipsel herumfliegen haben …

Meditationsübung

Chin Mudra

1. Setze dich in den Schneidersitz.
2. Die Handinnenflächen zeigen nach oben.
3. Die Daumen berühren die Ringfinger.
4. Halte die drei anderen Finger gespreizt.

Nutzen

Dieses Mudra *(eine Geste, bei der die Hand eine typische Stellung einnimmt) begünstigt den Energiefluss des Körpers. Es stärkt den Körper und bekämpft die Müdigkeit. Es fördert die Stabilität und das Selbstbewusstsein.*

FÜHREN SIE DIESE ÜBUNG MIT IHREM KIND DURCH. ES WIEDERHOLT DIE GESTEN, DIE SIE IHM ZEIGEN.

Gemeinsame Aktivität

In der Natur sind alle Formen und Farben für jeden sichtbar, der die Augen offen hält. Aus diesen unzähligen Schätzen können Sie mit Ihrem Kind wundervolle Werke erschaffen. Lassen Sie sich von dem inspirieren, was Sie unterwegs beim Spaziergang finden: Steine, Blätter, Rinde, Muscheln, Moose, Zweige, Blumen ... Mit ein bisschen Fantasie können Sie alles verwenden und zu einem einzigartigen Kunstwerk kombinieren.

Kunstwerke aus der Natur

Nutzen Sie den Spaziergang für eine Schatzjagd. Gehen Sie mit Ihrem Kind auf die Suche nach Materialien aus der Natur, die es ihm ermöglichen, ein Kunstwerk zu basteln. Die Kleinen werden gern ihre Taschen oder ihren Korb füllen, während die Älteren schon etwas sorgfältiger auswählen und nach Formen oder Objekten mit geeigneten Farben suchen sollen.

Selbst wenn Sie in der Stadt wohnen, ist das möglich. Solange Sie nicht die Blumenbeete des Rathauses plündern ...
Auch im urbanen Raum lassen sich kleine Ecken der Natur entdecken, die man vorher dort eher nicht vermutet hätte.

In einem kleinen Waldstück, einer Grünanlage oder zu Hause auf einer Holzplatte kann Ihr Kind ein regelrechtes Kunstwerk aus den Schätzen der Natur entstehen lassen.

Die ganz Kleinen *sind wahrscheinlich noch nicht in der Lage, spontan etwas zu basteln. Schlagen Sie ihnen ein Thema vor: ein Männchen, ein Haus oder ein Herz, das geschmückt werden soll.*

Die Älteren *sollen selbst kreativ werden. Fordern Sie sie ein wenig heraus: eine Landschaft, ein Mandala, ein Blumenstrauß (allerdings ohne richtige Blumen!).*

ZU JEDER JAHRESZEIT EIN FUND!

Im Frühling *liegen Vogelfedern auf dem Boden.*

Im Sommer *hängen die Bäume voller Blätter und Früchte. Man könnte auch ein Kunstwerk aus Muscheln am Strand machen.*

Im Herbst *gibt es bunte Blätter, Moos, Äste oder Schneckenhäuser.*

Im Winter *ist die Landschaft etwas kahler, aber Sie finden Kieselsteine, Zweige und Tannenzapfen.*

Yogaübung

Die Heuschrecke

1. Du liegst auf dem Bauch. Die Arme sind angewinkelt.
2. Strecke die Arme entlang des Körpers aus, die Handflächen zeigen nach oben.
3. Atme ein und hebe die geschlossenen Beine, die Brust und die Arme.
4. Beim Ausatmen legst du die Beine, die Brust und die Arme langsam wieder auf den Boden.
5. Wiederhole die Übung dreimal.

Nutzen

Diese Übung stärkt den Lendenwirbelbereich, den Bauch, die Oberschenkel, die Arme und den Nacken.

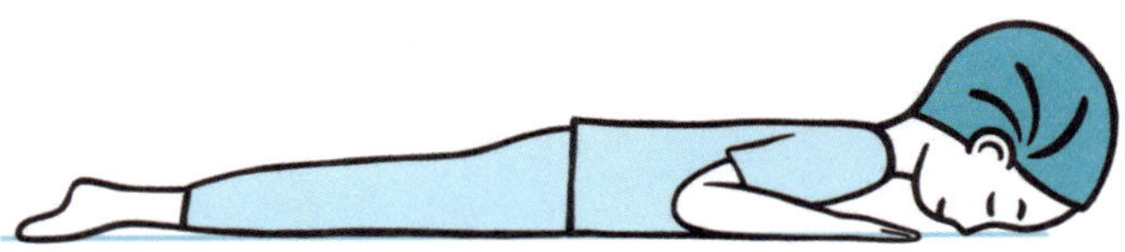
1

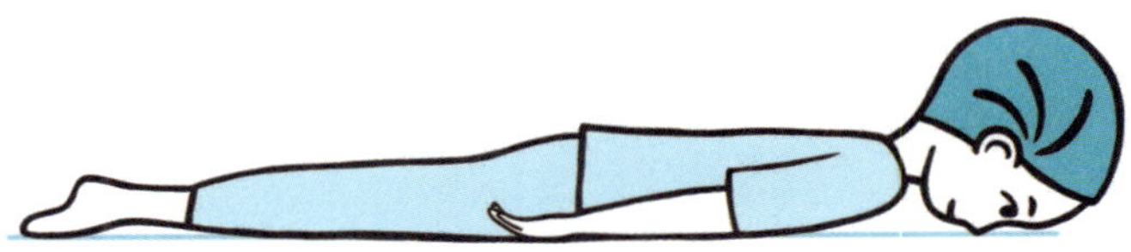
2

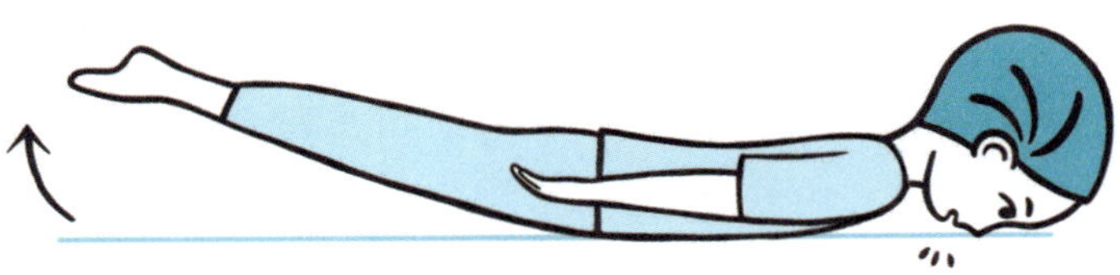
3

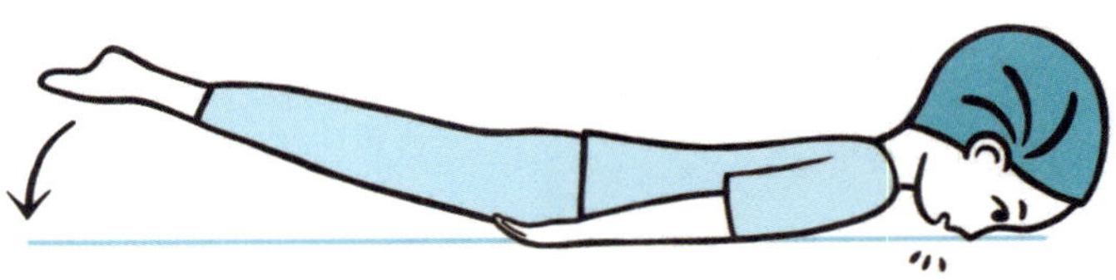
4

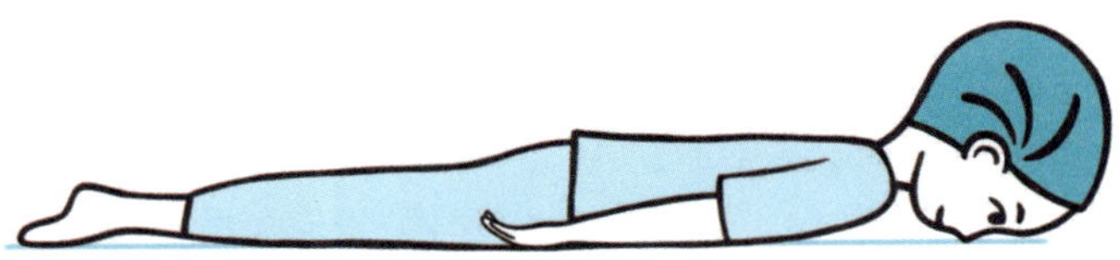
5

Gemeinsame Aktivität

Der Wind ist unsichtbar, aber er bewegt die Äste und die Wolken, er streicht durch die Haare und über die Wangen und wirbelt die Blätter auf, die in der Sonne trocknen. Um besser zu verstehen, woher der Wind kommt, schlagen Sie Ihren Kindern vor, kleine Windräder zu bauen. Sie werden fasziniert sein, wenn sie sehen, wie sie sich drehen. Diese Miniaturwindräder werden Ihre Zeit an der frischen Luft bereichern. Und wenn der Wind nicht weht, müssen die Kinder selbst aktiv werden und – mal sachte, mal fester – gegen ihre Windräder pusten.

Ein Windrad herstellen

Herstellung eines Windrades

Material:

- *1 quadratisches Stück dickes Papier*
- *1 Holzstäbchen (ideal wäre ein chinesisches Essstäbchen mit einem abgeflachten Ende)*
- *1 Reißzwecke*
- *1 Schere*
- *Filz- und Buntstifte*

1. Bevor Sie mit dem Basteln beginnen, lassen Sie Ihre Kinder das Blatt Papier so dekorieren, wie es ihnen gefällt.
2. Falten Sie das Blatt zweimal, um zwei Diagonalen zu markieren.

KLEINER TIPP

Die Reibung der Reißzwecke auf dem Papier führt zu einer schnellen Abnutzung. Verstärken Sie jede Spitze der Mühle mit Klebeband, bevor Sie sie in der Mitte befestigen.

3. An jeder Spitze beginnend, schneiden Sie entlang der Diagonalen fast bis zur Mitte des Blattes.
4. Falten Sie eine Spitze zum Mittelpunkt, ohne sie zurückzufalten. Machen Sie das gleiche mit der Spitze der anderen drei Dreiecke. Ihr Bogen Papier hat jetzt die Form eines Propellers.
5. Befestigen Sie den Propeller mithilfe der Reißzwecke auf dem Holzstab. Drücken Sie die Reißzwecke nicht zu weit in den Stab, damit sich der Propeller noch drehen kann.
6. Damit sich das Windrad dreht, müssen Sie Ihren Kindern zeigen, woher der Wind weht. Dazu steckt man den Zeigefinger in den Mund, hält ihn vor sich und dreht ihn in alle Himmelsrichtungen. Die Seite des Fingers, die am kältesten ist, ist die Richtung, aus der der Wind kommt.

WENN SICH DAS WINDRAD IM WIND DREHT UND SIE FARBIGES PAPIER VERWENDET HABEN, WERDEN DIE KINDER SEHEN, WIE DIE FARBEN INEINANDER VERLAUFEN.

Yogaübung

Die Tänzerin

1. Du brauchst für diese Übung einen erwachsenen Helfer. Die Übung wird stehend und mit geradem Rücken durchgeführt. Die Schultern streckst du nach hinten, die Füße stehen parallel zueinander.
2. Atme tief ein und strecke den rechten Arm über den Kopf nach oben.
3. Der Helfer beugt von hinten dein linkes Bein und hält mit der linken Hand deinen Fuß, während seine rechte Hand deinen Rücken stabilisiert.
4. Jetzt beugst du deinen Oberkörper nach vorn. Der Helfer achtet darauf, dass du nicht umfällst.
5. Beim Ausatmen nimmst du wieder die Ausgangsposition ein.
6. Wiederhole die Übung dreimal, jeweils mit einem unterschiedlichen Standbein.

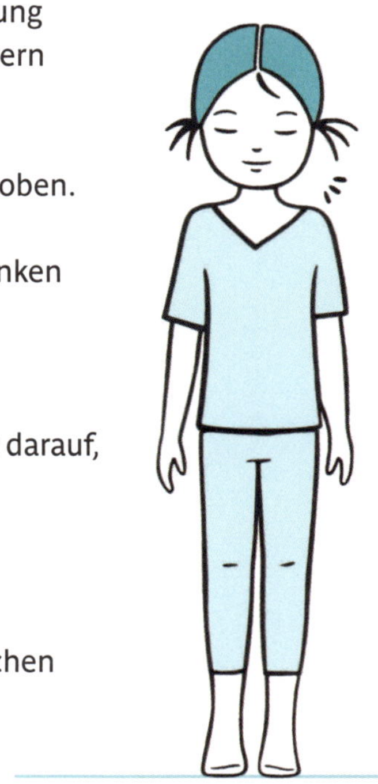
1

2

Nutzen

Diese Übung fördert die Konzentration, das Gleichgewicht und die Fußmuskulatur. Sie verleiht dem Rücken und der Hüfte mehr Beweglichkeit.

3

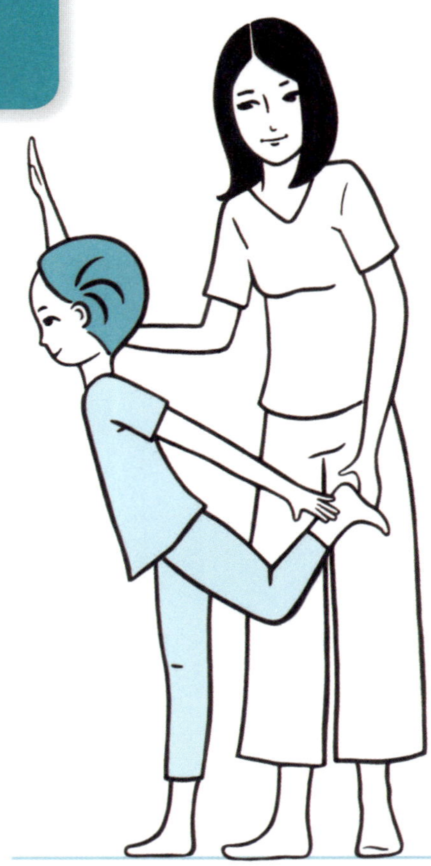
4

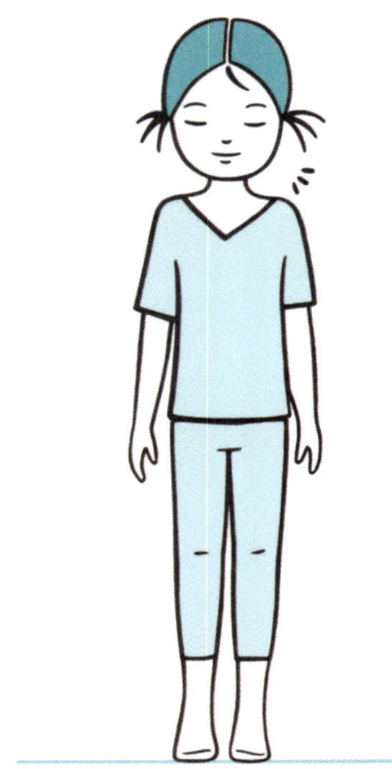
5

Gemeinsame Aktivität

Kreisel faszinieren die Menschen schon seit Tausenden von Jahren. Aus Ton, Holz und inzwischen auch aus Plastik haben sie nie aufgehört, sich zu drehen. Es wird vermutet, dass die ersten Kreisel vor etwa 4000 Jahren in China aufgetaucht sind. Mit Ihrem Kind machen Sie einen eigenen Kreisel aus einfachsten Mitteln und beobachten, wie er sich dreht. Das Betrachten hat einen fast hypnotischen und beruhigenden Charakter. Die Zeichnung auf dem Kreisel verändert die Form und Farbe je nach Geschwindigkeit der Drehung. Ein Spielzeug, das immer wieder neue Überraschungen birgt!

Einen Kreisel bauen

Herstellung des Kreisels

Material:

- *weiße Pappe*
- *ein paar Blätter*
- *1 Schere mit runden Enden*
- *Streichholz oder Zahnstocher*
- *Filzstifte*

1. Schneiden Sie einen Kreis aus der Pappe aus und bemalen Sie ihn. Wenn Sie keine weiße Pappe haben, decken Sie diese mit einem Stück weißem Papier ab, um das Dekorieren zu erleichtern.

Die Kleinen *können sich ans Dekorieren der Kreise machen.*

Die Älteren *dekorieren den Kreis mit einer Spirale, die in der Mitte des Kreises beginnt und bis zum äußeren Rand führt, oder mit einem Mandala in Kreisform.*

SCHON GEWUSST?

Wenn Sie Ihren Kreisel in sieben gleich große Kreissektoren aufteilen und diese mit den Regenbogenfarben (Rot, Orange, Gelb, Grün, Blau, Indigo, Violett) ausmalen, wird Ihr Kreisel beim Drehen weiß.

2. Stecken Sie ein Streichholz (ohne Schwefelende) oder einen Zahnstocher durch die Mitte der kreisförmigen Pappe und bringen Sie den Kreisel zum Drehen.

3. Sie können auch mehrere Pappkreise in unterschiedlichen Größen mit unterschiedlichen Farben oder Motiven übereinanderlegen.

4. Wenn jeder seinen idealen Kreisel gebaut hat, veranstalten Sie einen Wettbewerb, welcher Kreisel sich am längsten dreht. So kann man auch seine Technik verbessern.

Für einen Volumenkreisel

1. Schneiden Sie lange, 1 cm breite Papierstreifen aus und kleben Sie sie aneinander.

2. Wickeln Sie diesen Papierstreifen fest um einen Zahnstocher (beginnend bei 1,5 cm von der Spitze des Zahnstochers entfernt). Sie haben einen schönen Volumenkreisel gebastelt!

Zwischendurch

Vitamin-Mandala

Lassen Sie Ihr Kind dieses Mandala ausmalen. Suchen Sie dazu lebhafte Farben aus.

Die Kleinen müssen nicht alles ausmalen. Wählen Sie für sie die größten und einfachsten Zitrusscheiben und -hälften aus, aber achten Sie darauf, dass eine gewisse geometrische Harmonie beibehalten wird.

Die Älteren werden besonders viel Spaß haben, wenn sie die Anzahl der Früchte zählen sollen, wobei sie jeder Frucht eine andere Farbe zuordnen sollen. Die Mandalas werden auf jeden Fall sehr bunt!

36. WOCHE

Gemeinsame Aktivität

Unsere fünf Sinne werden täglich beansprucht. Die Augen und das Gehör sind fast ständig gefragt, der Geschmack während der Mahlzeiten ebenso. Der Geruchssinn ist ebenso aktiv. Auch der Tastsinn ist allgegenwärtig, aber wir sind uns dessen nicht immer bewusst. Wie oft berühren wir einen Gegenstand, um ihn wirklich zu fühlen? Kinder müssen mit den Fingerspitzen arbeiten. Dafür gibt es für die Kleinen Bücher zum Anfassen. Sie können ihnen aber auch einen kleinen Tastsinn-Workshop anbieten, der Spaß macht.

Mit den Fingerspitzen

1. Wählen Sie unterschiedliches Material aus, bevor Sie beginnen: Lego-Platte, Schleifpapier, Käsereibe, Luftpolsterfolie, Wellpappe, Holzplatte, Spitzendeckchen, Schuhsohle, Tennisschläger, Schokoriegel, Sieb ...
2. Lassen Sie Ihr Kind mit geschlossenen Augen nacheinander die Gegenstände berühren.
3. Legen Sie als Nächstes ein leeres Blatt auf den Gegenstand und fordern Sie das Kind auf, mit einem Buntstift oder Kreide darüberreiben. Das Material ist nun auf das Blatt übertragen. Es macht Spaß, das vorher berührte Material sichtbar gemacht zu haben.
4. Auf diese Weise stellen Sie Zeichnungen in verschiedenen Farben aus den unterschiedlichen Materialien her. Daraus schneiden Sie dann Blütenblätter und es entsteht ein Blumenstrauß aus allen verwendeten Materialien.

Für die Kleinen *wählen Sie ein Material, mit dem man große Flächen „abpausen" kann. Legen Sie einfach das Material unter das Papier und lassen Sie Ihre Kleinen machen! Ändern Sie ab und zu das Material, um unterschiedliche Effekte zu erzeugen.*

Die Großen *sollen sich ihr eigenes Material aussuchen. Sie finden bestimmt einen Werkstoff, an den Sie nicht einmal gedacht hätten ...*

VOM KELLER BIS ZUM SPEICHER

Schauen Sie sich die Materialien in Ihrem Haushalt an und testen Sie sie zusammen mit einem Stück Papier und einem Bleistift. Teppich, Tapete, Bleiglas, Wandputz ... Haben Sie sich eine solche Fülle von Eindrücken vorgestellt?

Meditationsübung

Der Körper

Vom Hals bis zur Hüfte

Jetzt beginnt deine entspannende Reise vom Berg, die in der Ebene endet.

1. Sagen Sie Ihrem Kind, dass sein Hals eine Brücke ist, die den Berg mit der Ebene verbindet. Legen Sie Ihre Finger auf das Kinn und gleiten Sie langsam mit den Fingern hinunter, um zur großen Brücke zu gelangen. Letzteres ist wichtig, weil Ihr Kind so eine Verbindung zwischen dem Berg (Kopf) und der Ebene (Körper) herstellen kann.

2. Bewegen Sie Ihre Finger über die Schultern, die die Arme den ganzen Tag bewegt haben, um in ferne Länder zu gelangen. Die Arme sind wie die Ausläufer eines Gebirgszuges, die – weit vom Kontinent entfernt – das Meer überblicken können.

3. Wenn Sie an den Fingerspitzen angekommen sind, streichen Sie langsam zurück zu den Schultern, um zur Brust zu gelangen, die eine Ebene darstellt. Eine sich bewegende und lebendige Ebene, weil das Herz der Erde und des Körpers darunter schlägt.

4. Fühlen Sie die Atmung und den Herzschlag, wenn Sie langsam mit den Fingern den Brustkorb berühren? Die Reise geht weiter zum Rest der Ebene, die wie die Oberfläche der Erde erschüttert wird. Sie steigt und fällt im Rhythmus des Atems. Aber unter dieser Ebene liegt eine Fabrik, die den Körper am Leben hält.

5. Berühren Sie den Bauch Ihres Kindes und erklären Sie, dass hier die Nahrung verdaut wird, die den Körper am Leben erhält.

6. Streichen Sie sich nach rechts oder links, um die Hüfte zu erreichen, die mehr als die Hälfte des Körpergewichts trägt. Verdient sie nicht auch, sich auszuruhen?

IHR KIND LIEGT AUF DEM RÜCKEN, DIE AUGEN SIND GESCHLOSSEN UND DIE ARME LIEGEN ENTLANG DES KÖRPERS. DIE REISE FÖRDERT DIE RUHE UND DIE ENTSPANNUNG DES KÖRPERS.

Gemeinsame Aktivität

Schlaues Recycling

Das Ziel dieser Aktivität ist es, Spaß zu haben und Spaß zu bereiten. Die Zufriedenheit ist daher doppelt garantiert.

Hier sind einige Ideen, die sich an alle Altersgruppen anpassen lassen:

- Korken in Form eines Männchens, die man neben die Teller eines Gastes legen kann
- dekorierte Toilettenpapierrollen, die als Serviettenhalter dienen
- eine dekorierte Streichholzschachtel, die kleine Überraschungen im Inneren hat (eine Botschaft, Bonbons etc.)
- ein Messerhalter aus Holz und Bast
- ein blütenförmiger Behälter aus einer abgeschnittenen, grünen Plastikwasserflasche
- eine Krone aus einem runden Kleiderbügel, an dem die Blätter eines Baumes befestigt werden
- Ein Kerzenhalter aus einem kleinen Topf, der mit Aufklebern verziert wird
- ausgeschnittene und auf Magnete geklebte Porträts
- ein Armband aus alten Knöpfen
- Schlüsselanhänger mit drei Watteballchen-Kugeln an einem schönen Stück Schnur

KLUGE IDEE

Legen Sie beiseite, was Sie in Ihrem Alltag inspiriert, und bewahren Sie diese Schätze in einer Kiste auf: Korken und Kapseln, Bindfäden, leere Streichholzschachteln, alte Magnete, Stifte, Ringe, Schlüsselanhänger, Toilettenpapierrollen, Postkarten, ausgefallene Knöpfe, Stoff, Filz …

Zwischendurch

Baum zum Ausmalen

Die Kleinen malen den Baum mit kalten Farben aus: grün, blau oder lila. Sie achten nicht auf die Muster. Versuchen Sie ihnen zu erklären, dass Sie zwei nebeneinander grenzende Segmente nicht in derselben Farbe ausmalen sollen.

Die Mittleren wechseln sich mit den Farben bei den Segmenten ab.

Die Älteren malen zunächst die konzentrischen Kreise aus, bevor sie den Rest des Baumes kolorieren.

39. WOCHE

Yogaübung

Der Bogen

1. Ausgangsposition ist die Bauchlage. Die Füße und Arme sind gestreckt.
2. Während du einatmest, bewegst du deine Fersen zum Po, indem du die Beine anwinkelst.
3. Fasse deine Knöchel mit deinen Händen.
4. Hebe den Kopf, den Oberkörper und die Oberschenkel und schaue nach oben. Ein Helfer kann dich unterstützen.
5. Dein Körper sieht nun aus wie ein gespannter Bogen.

Nutzen

Diese Übung stärkt den Lendenwirbelbereich, den Bauch, die Oberschenkel, die Arme und den Nacken. Es verbessert die Beweglichkeit der Wirbelsäule, der Hüften und Schultern. Die Bauchorgane werden massiert.

6. Atme aus und kehre in die Ausgangsposition zurück.
7. Wiederhole die Übung dreimal.

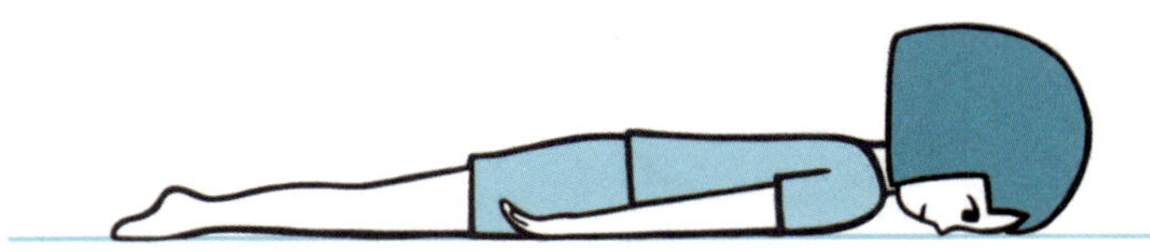

1

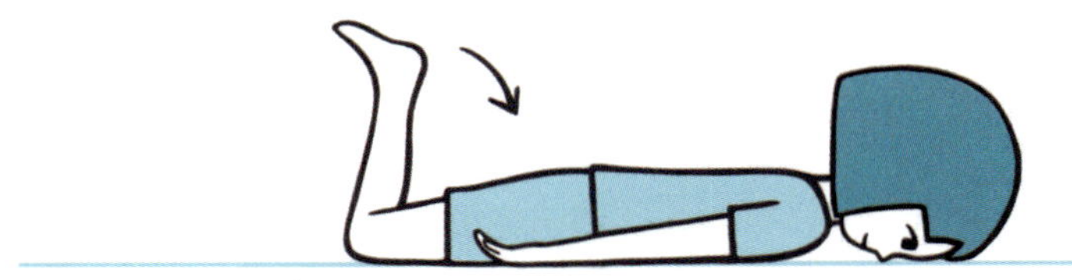

2

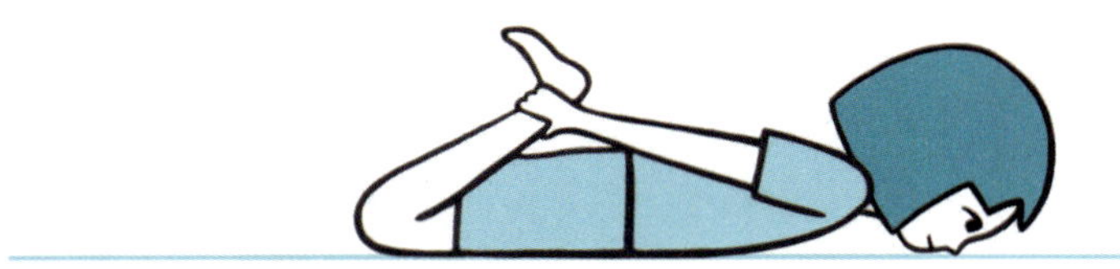

3

4

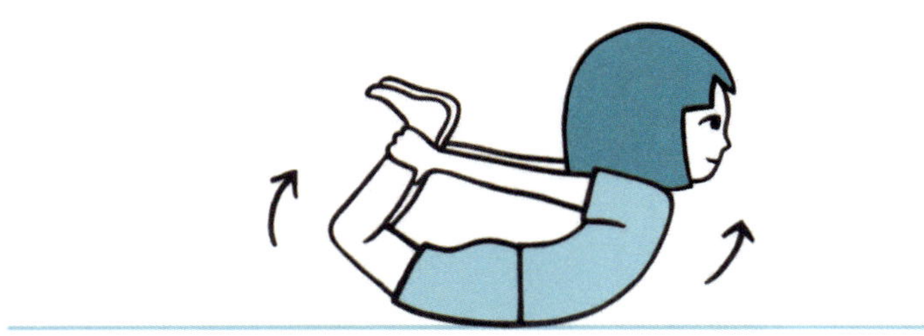

5

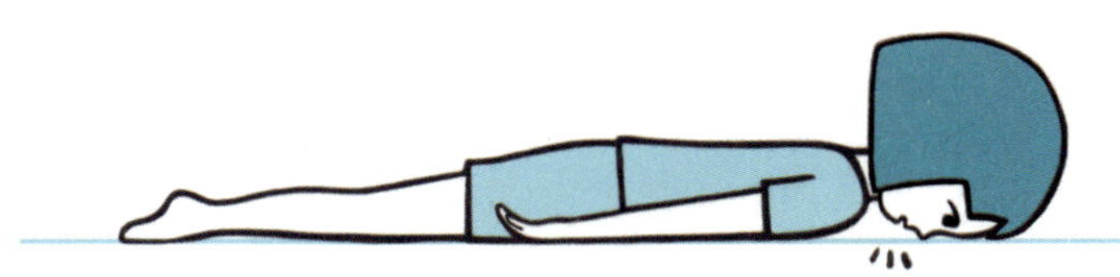

6

Eine Geschichte zur Entspannung

40. WOCHE

Winter

Leg dich hin und entspanne dich. Ein schöner Morgen weckt dich durch ein grelles Licht, den der Schnee, der über Nacht gefallen ist, wirft. Du siehst, wie dein Kumpel aus der Nachbarschaft einen Schneemann gebaut hat. Um einen Schneemann zu bauen, musst du zuerst eine Kugel aus Schnee formen, die du dann über den Boden rollst. Allmählich wird die Kugel so groß wie du. Du rollst die Kugel zum Fuß eines Baumes. Danach machst du eine kleinere Kugel, die als Kopf dient. Frage einen Erwachsenen, ob er dir hilft, den Kopf auf die große Kugel zu legen. Du benutzt eine Möhre als Nase, zwei große Murmeln als Augen, einen Schal, einen Hut und schließlich Opas Pfeife, damit der Schneemann schick aussieht.

Am Nachmittag spielst du mit deinem Freund und am Abend gehst du schlafen. Bevor du zu Bett gehst, siehst du den Schneemann am Fuß des Baumes stehen. Sobald du eingeschlafen bist, hörst du jemanden an der Tür klopfen. Es ist der Schneemann! Er hinterlässt große Pfützen. Schnell lässt du ihn in dein Zimmer. Der Schneemann möchte dein Freund sein und bedankt sich dafür, dass du ihn gebaut hast. Er möchte dich auf eine Reise um die Welt mitnehmen. Dazu brauchst du nur einen Teppich, den du aufrollst und dich daraufsetzt. Der Schneemann setzt sich zu dir.

Plötzlich hebt der Teppich ab, das Fenster öffnet sich und du fliegst in Richtung des Himmels. Du fliegst über deine Stadt. Du siehst, wie alles kleiner wird, Häuser, Straßen, Fahrzeuge und Bäume. Bald fliegst du über Wälder, dann berühmte Großstädte. Du schwebst über Flüsse, große Seen, hohe Berge. Danach möchte der Schneemann dich in sein Heimatland, den Nordpol, bringen. Der Teppich fliegt allmählich immer tiefer. Ihr kommt mitten in einem Dorf an, das von Schneemännern bewohnt wird, die in Häusern aus Keksen und Süßigkeiten leben.

Er stellt dich seinen Freunden vor und ihr habt eine schöne Zeit. Es ist an der Zeit zurückzukehren, weil die Sonne aufgeht. Du bist ein bisschen traurig, weil du die Rückreise auf dem Teppich antreten musst. Ihr verabschiedet euch im Garten und du gehst ins Haus und direkt ins Bett.

Am nächsten Tag weckt dich die Sonne, die auf dein Gesicht scheint. Du erinnerst dich an deine Reise. Du gehst hinunter in den Garten, um deinen Freund am Fuß des Baumes zu suchen, aber jetzt steht er ganz in der Nähe des Hauses! Hast du geträumt oder bist du wirklich zum Nordpol in das Land der Schneemänner gereist?

EINE GESCHICHTE ZUM VORLESEN. SIE BEGÜNSTIGT DIE RUHEPHASEN UND DIE ENTSPANNUNG ZU ZWEIT.

41. WOCHE

Gemeinsame Aktivität

„Malaxotherapie“? Der Begriff klingt ein wenig seltsam. Er bedeutet, dass man „Heilung“ (oder Entspannung) durch das Kneten eines Objekts erreichen kann. Aber was sind die Symptome, die durch Malaxotherapie behandelt werden können? Natürlich Stress! Ein Objekt zu kneten führt dazu, dass man seine Gedanken zerstreuen kann, eine langsamere Herzfrequenz erreicht und den Geist befreit. Es funktioniert bei Erwachsenen, aber auch bei Kindern. Und wenn das Kind den Antistressball selbst gemacht hat, ist der Effekt sogar doppelt so vorteilhaft.

Antistressbälle

Material:

- *1 Blatt Papier*
- *2 Luftballons in verschiedenen Farben*
- *Reis, Grieß oder Mehl*
- *1 Schere*

1. Fertigen Sie aus dem Blatt Papier einen Kegel, um ihn als Trichter zu benutzen, damit die Füllung in den Ballon gelangt.
2. Lassen Sie Ihr Kind den Reis, den Grieß oder das Mehl in den Trichter rieseln, bis der Ballon voll ist.
3. Machen Sie einen sehr engen Knoten, um den Luftballon zu verschließen. Das Ergebnis soll ein runder Ball sein. Schneiden Sie den kleinen Knoten ab, um Unebenheiten zu vermeiden.
4. Nehmen Sie den zweiten Ballon und schneiden Sie ihn in der Mitte durch. Den zweiten Ballon stülpen Sie über den ersten. Achten Sie darauf, dass der Knoten von dem ersten Ballon überdeckt ist. Fertig!

Die Kreativen unter ihnen können mehrere verschiedenenfarbige Bänder zuschneiden und ihren Antistressball „dekorieren“, indem Sie die Streifen um den Ballon wickeln.
Sie können den Kindern auch anbieten, ein lustiges Gesicht oder ein Tier auf den Ballon zu malen. Achten Sie darauf, dass der Stift wasserfest ist!

DOPPELJOB MIT BÄLLEN

Ihre Kinder haben einige Antistressbälle gemacht?
Warum spendieren Sie ihnen nicht einen Jonglierkurs?

Der Stuhl

1. Der Rücken ist gerade, Beine und Füße stehen geschlossen nebeneinander. Du streckst die Arme parallel nach vorn und atmest ein.
2. Beuge die Knie beim Ausatmen und tue so, als würdest du dich auf einen Stuhl setzen. Halte diese Position für ein paar Sekunden.
3. Während du einatmest, kehrst du zur Ausgangsposition zurück.
4. Wiederhole die Übung dreimal.

Nutzen

Diese Übung stärkt den Lendenwirbelbereich, die Beine und die Oberschenkel.

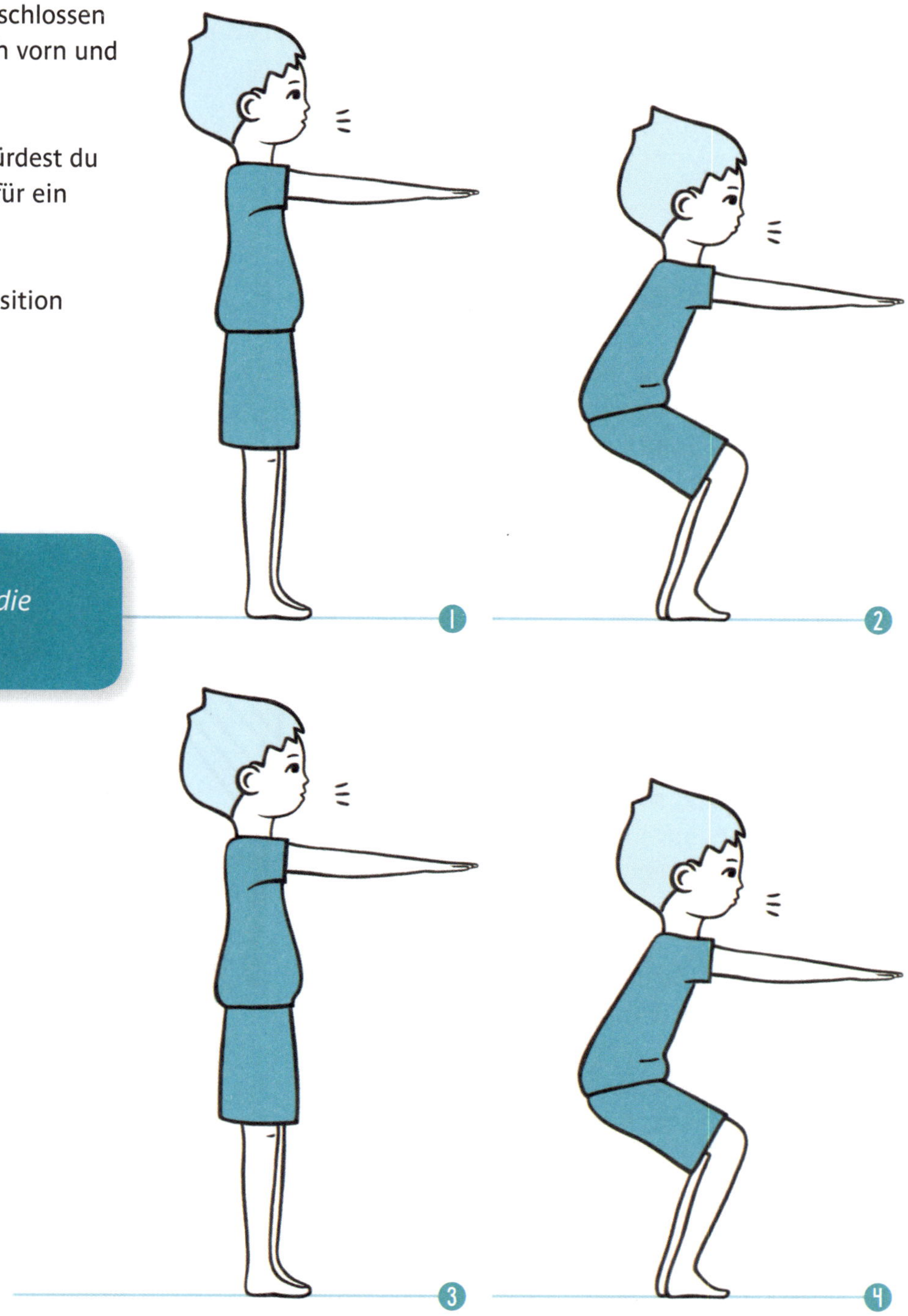

Gemeinsame Aktivität

Manchmal wird es zu Hause laut, besonders wenn viele Menschen da sind. Der Geräuschpegel kann auch steigen, wenn Sie die Kontrolle verlieren. Die Atmosphäre ist angespannt und am Ende sehnt sich jeder nach Ruhe. Um solche Situationen zu vermeiden, legen Sie einen Tag fest, an dem Ihre Familie gemeinsam singt. Das Prinzip ist einfach: Derjenige, der spricht, muss das Gesprochene singen. Die Übung erfordert ein Minimum an Anstrengung und Reflexion, die Worte sind eindeutiger und die kleinen überflüssigen Bemerkungen verschwinden. Die Atmosphäre ist festlich. Man feiert den Frühling oder verschönert damit einen tristen Wintertag.

Jetzt wird gesungen!

- Damit sich niemand über die musikalische Einlage wundert, melden Sie das Vorhaben am Vorabend an. Das wird alle im Voraus schmunzeln lassen und vermeidet lautstarke Überraschungen beim Aufwachen.

- Singen Sie alles, was Ihnen einfällt: klassische Kinderreime, Opern, aktuelle Hits ... Überraschen Sie Ihre Kinder, indem Sie mit ihnen über das Thema ihres Lieblingsliedes sprechen oder über das, was sie das letzte Mal in der Schule gelernt haben. Sie können zu Ihrer musikalischen Darbietung natürlich auch tanzen. Ihre Kinder werden Sie als Vorbild nehmen. Je mehr Sie das Spiel selbst spielen, desto mehr werden Ihre Kinder mitmachen und die Stimmung wird angenehm und entspannt sein.

- Sie können auch einen kleinen Chor bilden, in dem jeder seinen Platz hat. Am einfachsten sind Kanons: Das klingt direkt recht schön. Wenn Sie musikalische Personen zu Hause haben, fragen Sie, ob sie Sie auf Instrumenten begleiten können.

Denken Sie sich ein paar witzige Strafen für diejenigen aus, die das Spiel ungern spielen wollen oder sich beim Singen oft vertun.

Die Älteren *finden das Spiel lächerlich? Bieten Sie ihnen stattdessen einen Tag an, an dem jeder im Haushalt nur Englisch sprechen darf (es sei denn, Ihr Haushalt ist zweisprachig). Diese Übung ist nicht einfach und verlangt, dass man erst überlegen muss, bevor man spricht. Sie eignet sich hervorragend dazu, um Konflikte zu entschärfen.*

Yogaübung

Das Siegel der Umkehr

1. Leg dich auf den Rücken.
2. Hebe die Füße nach oben und lehne die Beine ausgestreckt gegen eine Wand.
3. Der Körper bildet einen rechten Winkel zwischen dem Boden und der Wand.

Nutzen

Diese Position sorgt für Ruhe und Wohlbefinden, da die Blutzirkulation in den Beinen umgekehrt und nach oben gerichtet wird.

HINWEISE: **Diese Übung wird mit ruhiger Musik durchgeführt, die zu einer Meditation passt. Ein Kissen wird unter den Lendenwirbelbereich und den Po gelegt. Die Augen sind geschlossen und die Konzentration liegt auf der Atmung. Die Dauer der Meditation ist abhängig vom Alter des Kindes. Mindestens fünf Minuten sind ideal für jüngere Kinder. Bei Älteren können es auch 15 Minuten sein.**

Gemeinsame Aktivität

Kalligraphie ist die Kunst, schön zu schreiben. Sie erfordert viel Einsatz und fördert die Konzentration und Entspannung. Natürlich muss man schon etwas schreiben können, um kunstvolle Buchstaben zu kreiren. Nichtsdestoweniger ist dieser kleine Workshop für alle Altersgruppen geeignet. Denn die Kalligraphie verlangt vor allem die richtige Positionierung der Hand, den richtigen Schwung und die Kontrolle über die Handbewegung. Das kann auch schon ein jüngeres Kind. Es ist sogar eine gute Möglichkeit, es zum Schreiben zu motivieren.

Übung im Schönschreiben

Kalligraphie wertet einen Text auf. Wählen Sie mit Ihren älteren Kindern ein Zitat, ein Sprichwort oder ein Gedicht als Vorlage. Zum Schreiben verwenden Sie Pinsel, Filzstifte oder Federn, die in einem bestimmten Winkel angeschnitten sind und in Tinte eingetaucht werden.

CHINESISCHE KALLIGRAPHIE

Im Internet finden Sie Seiten, die Vornamen auf Chinesisch abbilden. *Kopieren Sie die Ergebnisse auf ein schönes Blatt.*

Die Älteren *könnten den kompletten Text einer altertümlichen Handschrift kopieren. Finden Sie dazu ein Alphabet im Internet, indem Sie „Gotische Schriften" in Ihre Suchmaschine eingeben.*

Die Mittleren *konzentrieren sich auf die Großbuchstaben und versuchen sich an der Buchmalerei. Jeder Buchstabe erinnert an ein kleines Gemälde, der den Folgetext in Szene setzt.*

Für die Kleinen *bereiten Sie ein Tablett mit Puderzucker vor. Sie schreiben die Buchstaben mit den Fingern in den Puderzucker. Oder füllen Sie Fingerfarbe in einen Gefrierbeutel und verschließen Sie ihn mit einem Klebeband. Lassen Sie aus einer kleinen Öffnung die Fingerfabe aus dem Beutel herauslaufen – Ihr Kind soll mit der Farbe einen Buchstaben zeichnen.*

Zwischendurch

Schneeflocken ausmalen

Es ist beruhigend, den Schnee fallen zu sehen. Diese Schneeflocken auszumalen ist ebenso entspannend.

Die Kleinen *benutzen kühle Farben: Blau, Grau, Lila, Grün.*

De Mittleren *versuchen, nur zwei Farben pro Schneeflocke zu benutzen.*

Die Älteren *malen ihre eigenen Schneeflocken, die sie neben die anderen Flocken malen.*

Gemeinsame Aktivität

Kochen ist ein Moment des Teilens. Ihre Kinder bringen sich gern ein und verbringen Zeit mit Ihnen. Sie sehen auch gern das Ergebnis ihrer Arbeit. Die Küche kann auch ein kreativer Ort sein. Verzierte Früchte sind ein ausgezeichnetes Mittel, um sich frei auszudrücken. Wie stolz Ihre Kinder sein werden, wenn Sie den anderen mit ihren Kreationen eine Freude machen können!

Früchte verzieren

Vorbereitung

Zutaten:

- *Mandelpaste*
- *getrocknete Früchte: Feigen, Datteln, Mandeln, Aprikosen, Walnüsse, Haselnüsse, kandierte Kirschen, Pflaumen, Pinienkerne etc.*
- *Kristallzucker*

Jüngere und ältere Kinder können die Früchte nach Belieben verzieren. Es ist ein bisschen wie bei Modelliermasse! Befüllen Sie Pflaumen, Datteln oder getrocknete Aprikosen. Nehmen Sie einen kleinen Ballen farbigen Teigs und zerdrücken Sie ihn zwischen zwei Nüssen, zwei Mandeln oder zwei kandierten Kirschen. Stecken Sie Pinienkerne in Brotteig, um einen Igel daraus zu machen. Zum Schluss können Sie einige Ihrer Kreationen in Kristallzucker wälzen. Präsentieren Sie sie auf einem Teller, von dem Sie sofort probieren können, oder legen Sie sie in eine kleine Papiertüte, um sie später anzubieten.

Rezept für selbstgemachte Mandelpaste
(für die Älteren)

Zutaten:

- *200 g Mandelpuder*
- *200 g Puderzucker*
- *2 EL Wasser*
- *ein paar Tropfen Lebensmittelfarbe*

Zubereitung:

1. Vermischen Sie alle Zutaten und kneten Sie sie zu einem glatten Teig.
2. Teilen Sie den Teig in mehrere Stücke und fügen Sie ein paar Tropfen Lebensmittelfarbe hinzu.

WARUM NICHT?

***Wenn Sie auf dem Land leben,** machen Sie sich auf die Suche nach Pinienzapfen. Deren Kerne schmecken besonders frisch und lecker.*

Meditationsübung

Gebetshaltung

1. Setze dich in den Schneidersitz.
2. Falte die Hände (Handfläche an Handfäche) vor dem Herz zusammen.
3. Richte den Blick nach vorn. Der Rücken und die Schultern sind gerade aufgerichtet.
4. Die Unterarme stehen parallel zum Boden.
5. Halte die Hände nicht zu nah vor den Brustkorb.

Nutzen

Die Gebetshaltung hilft Stress und Ängste abzubauen. Die Übung wird verwendet, um den Geist zu beruhigen. Sie bringt Frieden und Liebe. Durch den Druck auf alle Finger fördert diese Übung das Wohlbefinden des Körpers und des Geistes.

FÜHREN SIE DIESE ÜBUNG MIT IHREM KIND DURCH. ES WIEDERHOLT DIE GESTEN, DIE SIE IHM ZEIGEN.

48. WOCHE

Gemeinsame Aktivität

Die Japaner haben aus kleinen bunten Papierquadraten eine sehr schöne Kunst erfunden, die allen, ob Jung oder Alt, Spaß macht. Sie nennt sich Origami. Beginnen Sie mit sehr einfachen Figuren, die Sie mit einem oder zwei Farbtupfern vervollständigen. Das Ergebnis ist sofort zu sehen und die Zufriedenheit auch. Wenn sie mehr Fingerfertigkeit und Geduld haben, erhöhen Sie den Schwierigkeitsgrad. Im Internet finden Sie eine Vielzahl von Seiten, die Origami-Faltungen anbieten. Es gibt ebenfalls viele Bücher für jedes Alter.

Origami

Hier sehen Sie eine einfache Faltung, die Ihre Kinder nachmachen können. Nehmen Sie ein quadratisches Stück Papier, das ziemlich dünn ist, damit man es problemlos falten kann.

Der Hund

1. Falten Sie das Papier diagonal, sodass sich die Spitzen überlagern.
2. Falten Sie das Papier in der Diagonalen erneut. Danach falten Sie das Papier wieder auseinander.
3. Falten Sie die Ecken, wie in Abbildung 3 gezeigt, um die beiden Ohren zu formen.
4. Falten Sie dann die Ecke, wie in Abbildung 4 gezeigt, nach oben. Auch die zweite Ecke (Abbildung 5) wird nach oben gefaltet.
5. Zeichnen Sie die Augen und die Schnauze des Hundes.

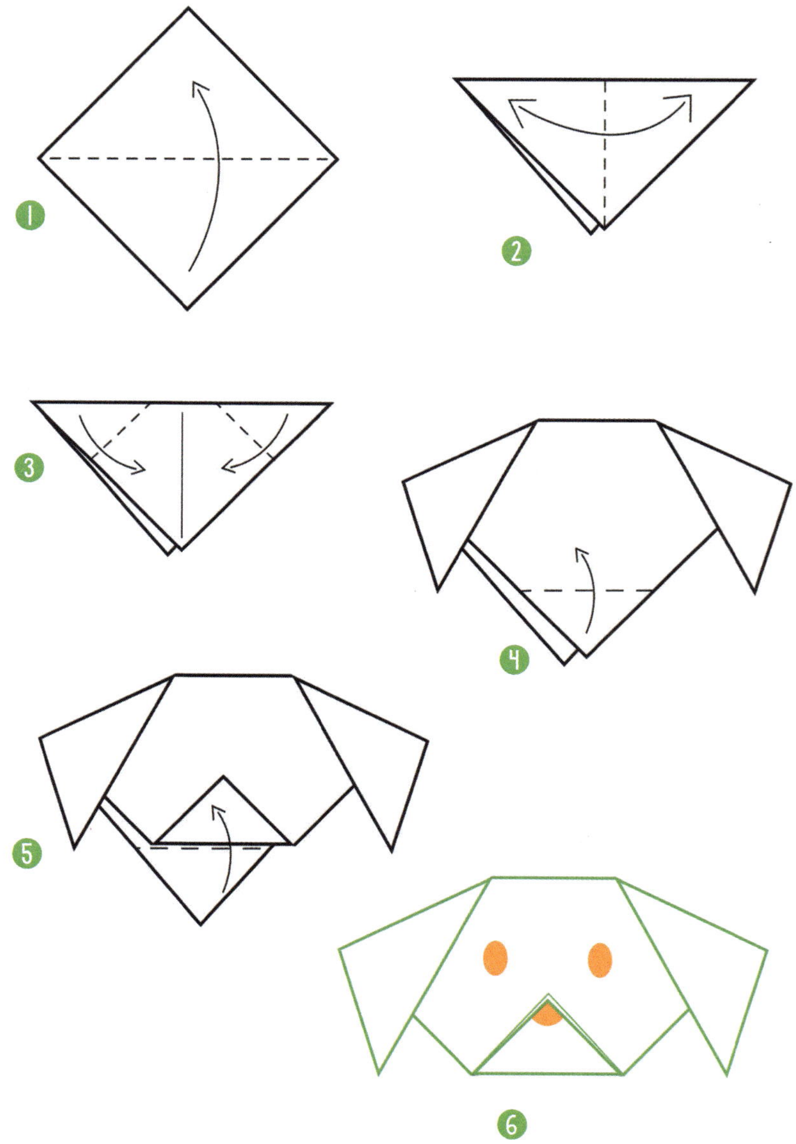

Yogaübung

Der Hund

1. Die Ausgangsposition: Du kniest auf dem Boden, deine Hände stützen deinen Oberkörper.
2. Drücke dich mit Unterstützung der Hände vom Boden ab und strecke den Po nach oben, während du einatmest.
3. Die Beine und Arme bleiben gestreckt und angespannt.
4. Versuche, eines deiner Beine nach oben zu strecken. Ein Helfer kann dich dabei unterstützen.
5. Wiederhole die Übung dreimal pro Bein.

Nutzen

Diese Übung wirkt stärkend auf die Schultern, Waden und Hände, stärkt die Arme und die Beine. Sie fördert das Gleichgewicht, wenn sie mit einem angehobenen Bein durchgeführt wird.

TIPP: **Mit den Jüngsten können Sie das Bellen eines Hundes nachmachen.**

Gemeinsame Aktivität

Musik bereichert das Leben und ihre beruhigende Wirkung ist nicht von der Hand zu weisen. Machen Sie es sich mit Ihren Kindern bequem und hören Sie ein wenig klassische Musik. Sie müssen kein großer Musikliebhaber sein, um den Moment zu genießen. Am einfachsten ist es, sich eine bekannte Komposition anzuhören. Wenn Sie zu Hause keine CDs oder Schallplatten zur Hand haben, suchen Sie einen Radiosender, der klassische Musik spielt. Schließen Sie die Augen und lassen Sie sich treiben.

Musik hören

Der Reichtum der klassischen Musik liegt vor allem an der Vielfalt der Instrumente, für die sie komponiert ist.

Mit jedem Hören werden Sie zweifelsfrei neue Entdeckungen machen.

- Bevorzugen Sie Werke, die eine Geschichte erzählen und Emotionen auslösen oder Charaktere darstellen, die Ihre Kinder identifizieren können. Nutzen Sie dazu Tschaikowskys *Nussknacker* oder Camille Saint-Saëns *Karneval der Tiere*.

Mit den Kleinen *versuchen Sie herauszufinden, welche Instrumente sie hören. Zwei Werke sind dafür besonders geeignet:* Piccolo, Saxo et Compagnie *von Jean Broussole und André Popp sowie* Peter und der Wolf *von Sergei Prokofjew. Diese Musikstücke sind wie Geschichten aufgebaut.*

Mit den Älteren *versuchen Sie, die Instrumente zu erkennen, die im Stück vorkommen. Suchen Sie dafür ein Stück (oder einen Teil eines Stückes), das nicht zu lang ist, aus, das Sie wiederholt anhören können.*

- Wenn Sie ein passendes Video finden, in dem das Musikstück gespielt wird, sollten Sie dieses später mit Ihren Kindern anschauen. Sie werden sehen, welche Instrumente gespielt wurden. Sie werden aber auch Instrumente entdecken, die Sie wahrscheinlich nicht erkannt haben.

FANTASIA VON WALT DISNEY BESTEHT AUS ACHT BEKANNTEN KLASSISCHEN MUSIKSTÜCKEN. SCHAUEN SIE SICH DEN FILM MIT IHREN KINDERN AN UND DISKUTIEREN SIE, WIE SICH DIE CARTOONS IN DER MUSIK WIDERSPIEGELN.

Yogaübung

Katze und Kuh

Die Katze

1. Die Ausgangsposition: Du kniest auf dem Boden, deine Hände stützen deinen Oberkörper.
2. Mach einen Buckel, während du auf deinen Bauchnabel schaust und gleichzeitig ausatmest.

Die Kuh

3. Nimm wieder die Ausgangsposition ein.
4. Lass deinen Rücken durchhängen und den Bauch locker. Schaue nach oben, während du einatmest.
5. Wiederhole die Übungen jeweils dreimal.

Nutzen

Diese Übung entspannt den Rücken und löst Verspannungen im Hals. Sie lässt den Nacken, die Arme, die Schultern, das Verdauungssystem und die Augen arbeiten.

52. WOCHE

Gemeinsame Aktivität

Glückskekse werden am Ende der Mahlzeiten in asiatischen Restaurants verteilt. Die kleinen Kekse in Form eines Halbmondes beinhalten einen kleinen Zettel mit einer Botschaft, die für denjenigen gedacht ist, der sie zerbricht. Machen Sie doch einfach Ihre eigenen Glückskekse mit Ihren Kindern! Vom Rezept bis zum Verfassen der Botschaften kann jeder unabhängig von seinem Alter teilnehmen. Schreiben Sie ein chinesisches Sprichwort, einen Witz oder ein paar nette Worte, die zur Jahreszeit oder zu einem Anlass passen, den Sie gewählt haben. Das Basteln macht Spaß und außerdem ist der Keks lecker!

Glückskekse backen

Fangen Sie mit den Botschaften an. Diese sollten fertig sein, bevor Sie den Teig zubereiten. Die Kleinen malen ein Bild, die anderen schreiben einen Text (ein Sprichwort, einen kurzen Witz, ein Rätsel etc.)

Einzige Einschränkung: die Größe der Botschaft.

Der Papierstreifen mit der Botschaft darf 7 cm lang und 1 cm hoch sein. Wenn dies für Ihr Kind zu klein ist, können Sie das Bild zerschneiden. Nachdem die Kekse aufgebrochen wurden, kann man das Bild wieder zusammensetzen.

Verwenden Sie ungiftige Buntstifte und Filzstifte, die für Kinder geeignet sind.

FÜRS GANZE JAHR

- ***1. Januar:*** *Neujahrswünsche*
- ***1. April:*** *ein Aprilscherz*
- ***Mutter- und Vatertag:*** *nette Worte*
- ***Geburtstag:*** *ein Versprechen oder eine Zeichnung*

Zubereitung des Kekses

Zutaten:

- *1 Eiweiß*
- *50 g Zucker*
- *1 Päckchen Vanillezucker*
- *60 g Mehl*

1. Den Ofen auf 180 °C vorheizen.
2. Das Eiweiß zu Eischnee schlagen und die anderen Zutaten hinzufügen.
3. Auf Backpapier Teigkreise mit einem Durchmesser von 8 cm formen.
4. 6 Minuten im Ofen backen. Der Keks muss noch biegsam sein, damit er nicht zu schnell austrocknet.
5. Den Zettel mit der Botschaft in die Mitte des Kreises legen. Schlagen Sie den Teigkreis übereinander und ziehen Sie beide Enden zusammen, damit der Keks wie ein Croissant aussieht.

TIPPS: Damit der Keks während des Abkühlens nicht seine Form verliert, legen Sie ihn in ein Glas. Keine Zeit zum Backen? Verstecken Sie Ihre Botschaft in fertige Kekse! Mit länglich geformten Keksen funktioniert das besonders gut.

Zwischendurch

Geometrisches Mandala

Für dieses geometrisches Mandala sollten nicht mehr als vier Farben gewählt werden.

Die Kleinen *setzen gepunktete Linien in die Segmente dieses Mandalas. Das baut den Stress des Tages ab.*

Die Mittleren *malen das Mandala von innen nach außen aus.*

Schwieriger wird es für **die Älteren**. *Sie malen das Mandala im Uhrzeigersinn aus.*

Bildnachweis: © iStock

© der französischen Ausgabe:
Une année d'activites detente avec mes enfants
Mango Editions, Paris

Text: Sophie de Mullenheim (Gemeinsame Aktivitäten),
Shobana R. Vinay (Yoga- und Meditationsübungen, Geschichten zur Entspannung)

Illustrationen: Oreli Gouel

Übersetzung aus dem Französischen: Marta Wajer
Satz: ce redaktionsbüro für digitales publizieren, Heinsberg

Gesamtherstellung: Ullmann Medien GmbH, Rheinbreitbach

www.ullmannmedien.com